経営に
新たな視点をもたらす
「統合知」の
時代

PwCコンサルティング合同会社
PwC Intelligence

ダイヤモンド社

はじめに

―― 世界を把握し、日本の勝ち筋を知るために必要なインテリジェンス

気候変動、テクノロジーによるディスラプション（創造的破壊）、少子高齢化、世界の分断、社会の不安定化といったメガトレンドが複雑に絡みながら変化する現代。世界を把握し、日本の勝ち筋を知るためにわれわれにとって必要なのはインテリジェンスである。

インテリジェンスというと、安全保障や地政学といった特定の領域に限ったものが連想されがちだが、われわれが想定しているインテリジェンスはそうしたものではない。マクロ経済、サステナビリティ、地政学、サイバーセキュリティ、テクノロジーなどの専門領域を柱に据え、これら複数の専門領域からの視点を「統合知」という形でうまく取り込むことで、幅広い観点から企業が意思決定を行う上で役立つインテリジェンスを指している。

こうした企業にとってのインテリジェンスは、企業が現在ないし将来直面している可能性を把握できると同時に、企業が現在ないし将来直面するであろうリスクを把握する役にも立つ。また複数の専門領域からの知見を集積することを通じて、可能性やリスクの確からしさを検証することも可能にする。

現代は不確実性の時代でもある。フランク・ナイトが提唱した「ナイトの不確実性」の考え方に照らせば、リスクとはその影響を測定しうる事象を指し、不確実性とはその影響を測定することが不可能な事象を指す。インテリジェンスはリスクの影響や確からしさを検証する役に立つのに加えて、さまざまな可能性が特定の可能性につながりうる分岐点が何かを把握する役にも立つ。不確実性とは何か、これを具体的に把握することは困難だが、さまざまな可能性を把握・検証することができれば、予期せぬ事象が生じた場合の対応策を考える際にも有用だ。インテリジェンスはこうした意味でも重要な役割を担うのである。

PwC Intelligenceは、マクロ経済、サステナビリティ、地政学、サイバーセキュリティ、テクノロジーなどの専門領域の観点から世界を捉え「統合知」を提供する、ＰｗＣコンサルティング合同会社（以下、ＰｗＣコンサルティング）のシンクタンク部門である。ＰｗＣが持つ多様な専門性とグローバルネットワークを最大活用し、社会や企業にとって、未来を見通すための羅針盤となることを目指し2022年10月に設立した。

本書はPwC Intelligenceがまとめる最初の書籍である。本書で展開される世界を捉える視点が、読者の方々にとって有益なものとなることを確信している。

2024年春

PwC Intelligence

目次

第1章

変化する世界、日本の立ち位置

本章のpoint

変化する世界

point 1

日本および世界が抱えるメガトレンドのうち、現在において急速に意識されているのが、世界の分断や社会の不安定化といった現象である。

point 2

メガトレンドの背後にあるのは、「これまでの世界」を特徴づけてきたものが大きく様相を変え、「これからの世界」を構成する要素へと変化していることが挙げられる。

point 3

日本は、戦略的な立ち回りを通じた国際協調への貢献、安定的な経済成長をドライバーとした課題解決、インフレと所得拡大の好循環を可能にするための企業改革が必要である。

気候変動に伴って破壊的な変化が起こり、市場力学のダイナミクスが連続的に変化している現在、変化を引き起こす要素は多岐にわたり、それぞれが複雑に絡み合っている。こうした中、企業や個人が環境の変化を見極めながら素早く対応していくには、個々の専門性を強化した「深い視点」でいま何が起きているのかをつぶさに観察し、広い範囲で内外と連携し全体を俯瞰する「高い視点」から状況判断を行い意思決定することが肝要である。不確実性の高い世界において、企業の経営者は、この両方の視点を持ち、従来の概念に捉われず自己を革新し続けることが求められている。

本章では次章以降の導入として、わが国を含む世界を取り巻く状況について説明するとともに、本書のポイントについてまとめることにしよう。

世界のメガトレンド

5つのメガトレンド

日本および世界が抱えるメガトレンドとして、気候変動、テクノロジーによるディスラプション（創造的破壊）、人口動態の変化、世界の分断、社会の不安定化の5つがしばしば指摘される（**図表1-1**）。このうち、気候変動は温暖化の進展に伴う環境問題の深刻化を、テクノロジーによるディスラプションは第4次産業革命が人々の仕事や暮らしに及ぼす変化を、そして人口動態の変化は、少子化と高齢化の進展が経済社会に与える影響を指して

図表**1-1**｜日本および世界が抱えるメガトレンド

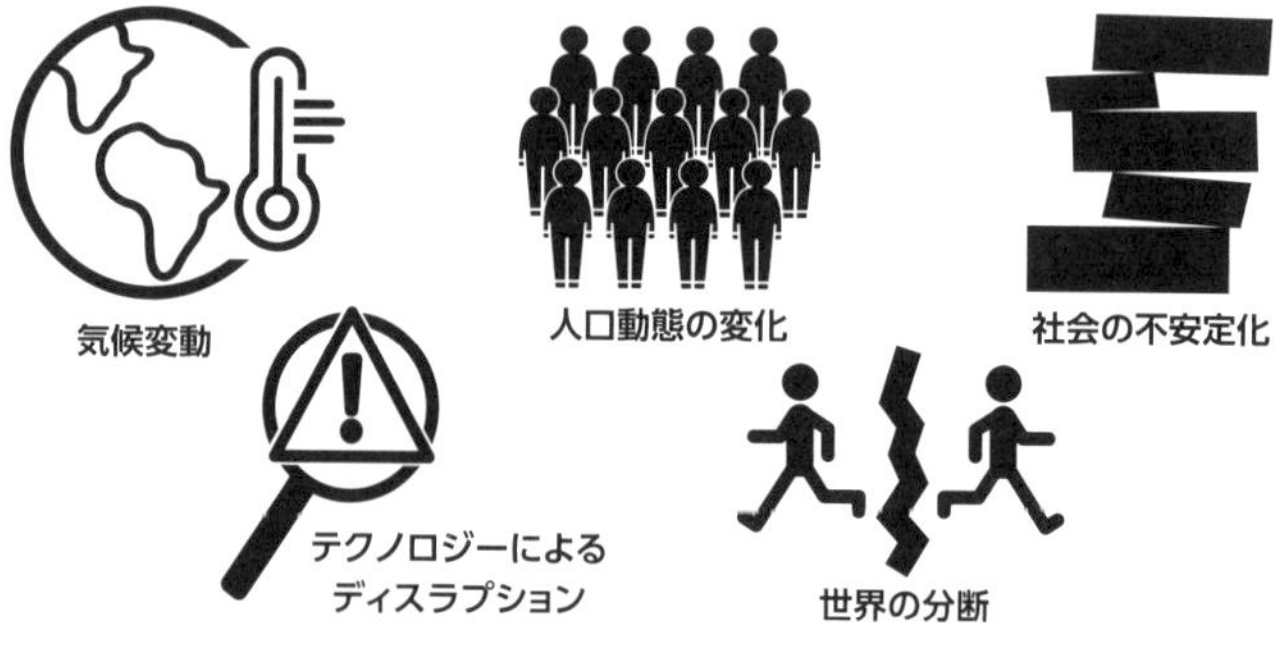

（出所）PwC「メガトレンド　私たちが生きる世界をつくり変える5つのグローバルシフト」（2023年）

いる。

現在において急速に意識される世界の分断、社会の不安定化

これらのうち現在において急速に意識されているのは、世界の分断や社会の不安定化といった現象だ（図表1-2）。

ロシアによるウクライナ侵攻の長期化や新型コロナウイルス感染症（COVID-19）の世界的大流行といった昨今の出来事は、現代の世界が一時的にせよ分断の様相を濃くしていることをわれわれに認識させた。ロシアによるウクライナ侵攻は、国連常任理事国の一角を占めるロシアが隣国であるウクライナに対し自国の主張を通す手段として、ウクライナを侵略するという戦闘行為を選んだことがまず世界に衝撃をもたらした。それは、冷戦が終結し、国家間の相互依存が進む状況が普通のことだとみなされた中においてはより衝撃的な出来事であった。

侵攻開始当初は、戦闘の早期終了を予想する声もあったが、現段階では終結の糸口さえ見えておらず、着実に長期化への道を歩んでいる。米・欧を中心とした（日本を含む）諸国は侵略を受けたウクライナへの支持を鮮明にし、ロシアに対して厳しい経済制裁を科しているが、経済制裁

がロシアの継戦能力に重大な棄損をもたらすほどの効果を発揮していない。その背景には、制裁を進める側の欧州がロシアからの天然ガスなどのエネルギー資源の輸入に依存しているといった経済的な理由や、制裁国が対ロ貿易を縮小させる中、中国の２０２２年対ロ貿易総額は前年比30％増といった点からもわかる通り、中国がロシアに対して物資を提供することで、経済制裁の影響を抑制しているという側面がある。そもそも、国連常任理事国の一角を占めるロシアが軍事侵攻を開始したことで、常任理事国を中心とした国連安保理の意思決定は十分に機能しなくなってしまった。

またCOVID-19の世界的な感染拡大も、

図表1-2｜世界不確実性指数（WUI）から見た不確実性の高まり

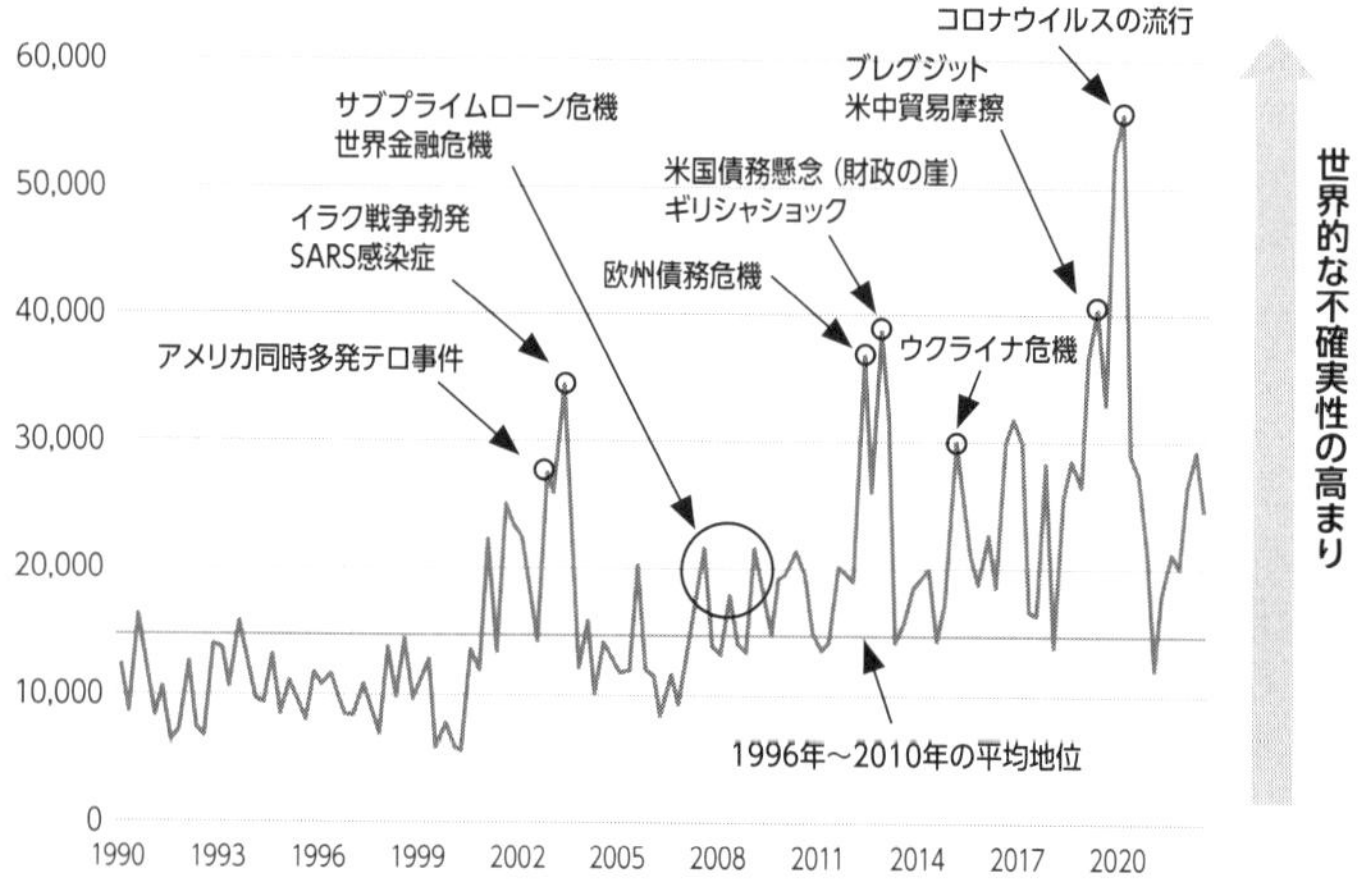

（出所）Ahir, H, N Bloom, and D Furceri（2018）,“ World Uncertainty Index”, Stanford mimeo.

一国だけの解決は困難で、国際協調が必要とされる出来事であったものの、世界保健機関（WHO）は十分にその機能を果たすことができなかった。世界的感染拡大への対応を巡っては当時のトランプ米大統領が中国を批判し、中国がそれに応酬するという形で米中の批判合戦が生じたし、開発されたワクチンの生産や途上国を含む各国への供給に関しても米国と中国は対立した。

こうした国際協調の欠如は、安保理やWHOだけではなく、世界貿易についての枠組み・ルール形成を担う世界貿易機関（WTO）や、環境問題に関する枠組み・合意形成の場面においても見られる現象である。皮肉にも、経済面における中国を含む新興国（BRICS：ブラジル、ロシア、インド、中国、南アフリカ共和国）の台頭と日本・欧州を含む先進国の影響力低下に代表される多極化の進展、世界の警察官たる米国の指導力が弱まる中で進む西側諸国と中露の対立構造の明確化、経済合理性の低下と地政学、経済安全保障、保護主義の強まり、といった現在広がる動きの背景には、1990年代からCOVID-19の大流行以前の2019年までの時期における「これまでの世界」を特徴づけるものが、大きく様相を変え、「これからの世界」へ変化しつつあることが影響しているのではないか。

「これまでの世界」から「これからの世界」へ

「これまでの世界」「これからの世界」とはどういったものだろうか。図表1-3の左側に記載した「これまでの世界」は、1990年代からCOVID-19が世界に猛威を振るう直前の2019年までの状況を概ねイメージしている。

当時の物価動向は低インフレであり、特に日本ではデフレが続いていた。こうした中で金利も低位に抑えられていた。そして1990年代終わりから2000年代に入って世界経済の成長をけん引したのがBRICSに代表される新興国の経済成長である。特に中国経済の成長拡大は目覚ましく、年10%ほどの成長を続けることで世界第2位の経済大国になり、世界経済の一大消費地として需要を支えることになった。

政治的な側面から大胆に整理すると、1990年代以降、世界各国で小さな政府といった考え方を通じた政府のスリム化・民営化が進み、規制緩和や政治思潮では右傾化の動きが進んだ。新興国の発展や規制緩和の動きがさまざまな局面での経済の効率化の流れを生み、世界経済は貿易や投資・人の移動における交流が盛んとなり、それは統合をもたらした。世界的な紛争の数も減ったと言えるだろう。以上が「これまでの世界」の概略である。

　そして世界がコロナ禍に苛まれた2020年以降は、「これまでの世界」から「これからの世界」への動きが徐々に加速していると言えるのではないか。まず物価動向については、ひところと比べてやや低下しつつあるものの、世界各国の物価上昇率は高まり、高金利が生じている。新興国の成長拡大は特に中国において一服し、成長率の収束が生じてきている。そしてコロナ禍に伴う経済ショックの最中で各国経済は財政支出を拡大させ、規制を強化し、世界的に右傾化の動きがポピュリズムの高まりを伴いつつ左への揺り戻しが生じている。コロナ禍に伴う物流の遅れ、サ

図表1-3 | これまでの世界vsこれからの世界

これまでの世界	これからの世界
● デフレ（低インフレ）	● インフレ（高インフレ）
● 低金利	● 高金利
● 新興国の台頭	● 成長の収束
● 小さな政府	● 大きな政府
● 規制緩和	● 規制強化
● 右傾化	● 左傾化
● 効率化	● 非効率化
● 統合・一極化	● 分断・多極化
● 紛争縮小	● 紛争拡大

（出所）筆者作成

プライチェーンの寸断といった現象は、最適な製品・部品を最適な立地で調達・生産し消費者にできるだけ安価かつ早期に供給するという効率化の流れを逆転させるきっかけにもなっており、企業にとってのサプライチェーンの再構築や、経済安全保障という形で、エネルギーや食料といった生活に欠かせない資源を安定的に確保するための取り組みを国に要請している。こうした中でロシアによるウクライナ侵攻が始まり、世界が市場経済・民主主義で一体化していく「冷戦後」は終焉し、新たな分断・多極化の時代が生じている。これが「これからの世界」の概要であり、世界の分断の底流にあるものなのではないだろうか。

今後、日本はどう行動すべきか

分断が進む中で、さまざまな課題が噴出している世界。この中で今後の日本はどう行動していくべきなのだろうか。国際関係の変化、少子高齢化、テクノロジー、サイバーセキュリティ、自然資本、ウェルビーイングといった個別の話題については以降の各章で詳しく述べるので、ここでは、各章に共通した重要な点につき、ポイントを3つに絞って述べたい。

戦略的な立ち回りを通じた国際協調への貢献

第1のポイントは日本の世界における立ち位置の変化、つまり人口動態から見た日本・欧州の位置づけ低下と、中国・インド・アフリカ地域の影響力拡大についてであり、こうした状況の下で日本は他国との連携を通じ、国際協調のほころびを是正するさまざまな取り組みを積極的に行っていく必要があるということだ。

人口構造の変化については、出生率や死亡率の想定による差はあるものの、中長期的な方向感は大きく食い違うことはないと見込まれる。世界各国の将来人口推計について見ると、日本の場合とは異なり世界の総人口は2020年の78・4億人から2086年まで増加を続けて104・3億人に達した後、緩やかに減少することが予想される。

各国別の人口動向を見ると、2020年時点の人口のトップは中国、2位はインドであり、次いで米国、インドネシアと続き、日本は11位となる。数で見ると、中国、インドの比重が大きい。80年後の2100年には、中国の人口は少子高齢化が進むことで減少しつつも世界で第2位の位

図表1-4｜世界各国の人口見通し

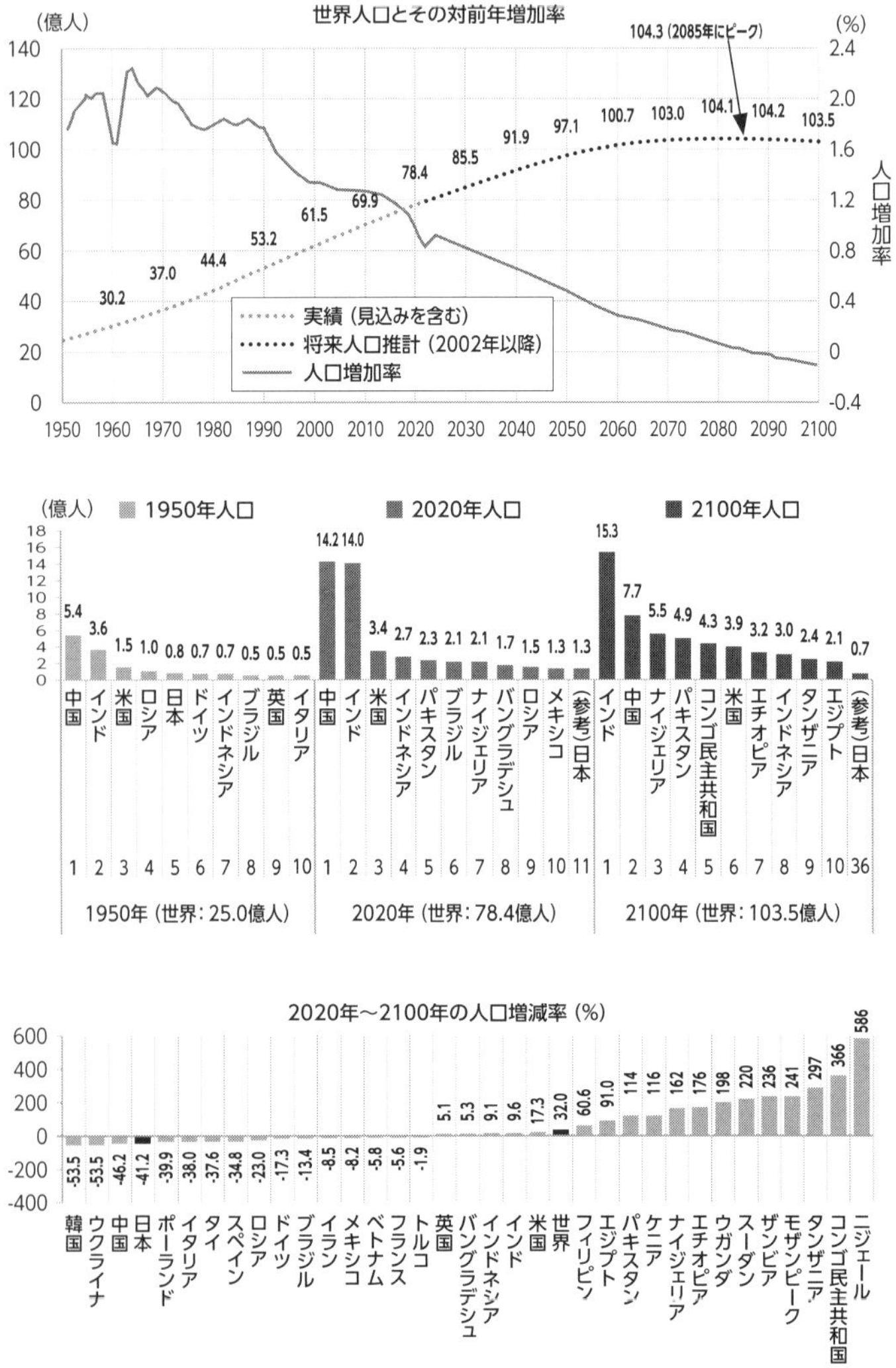
世界人口とその対前年増加率
（億人）
(%)
104.3（2085年にピーク）
30.2
37.0
44.4
53.2
61.5
69.9
78.4
85.5
91.9
97.1
100.7
103.0
104.1
104.2
103.5
人口増加率
実績（見込みを含む）
将来人口推計（2002年以降）
人口増加率
140
120
100
80
60
40
20
0
2.4
2.0
1.6
1.2
0.8
0.4
0
-0.4
1950 1960 1970 1980 1990 2000 2010 2020 2030 2040 2050 2060 2070 2080 2090 2100
（億人）
1950年人口
2020年人口
2100年人口
中国 5.4
インド 3.6
米国 1.5
ロシア 1.0
日本 0.8
ドイツ 0.7
インドネシア 0.7
ブラジル 0.5
英国 0.5
イタリア 0.5
中国 14.2
インド 14.0
米国 3.4
インドネシア 2.7
パキスタン 2.3
ブラジル 2.1
ナイジェリア 2.1
バングラデシュ 1.7
ロシア 1.5
メキシコ 1.3
（参考）日本 1.3
インド 15.3
中国 7.7
ナイジェリア 5.5
パキスタン 4.9
コンゴ民主共和国 4.3
米国 3.9
エチオピア 3.2
インドネシア 3.0
タンザニア 2.4
エジプト 2.1
（参考）日本 0.7
1 2 3 4 5 6 7 8 9 10 1 2 3 4 5 6 7 8 9 10 11 1 2 3 4 5 6 7 8 9 10 36
1950年（世界：25.0億人）
2020年（世界：78.4億人）
2100年（世界：103.5億人）
2020年～2100年の人口増減率（%）
600
400
200
0
-200
-400
韓国 -53.5
ウクライナ -53.5
中国 -46.2
日本 -41.2
ポーランド -39.9
イタリア -38.0
タイ -37.6
スペイン -34.8
ロシア -23.0
ドイツ -17.3
ブラジル -13.4
イラン -8.5
メキシコ -8.2
ベトナム -5.8
フランス -5.6
トルコ -1.9
英国 5.1
バングラデシュ 5.3
インドネシア 9.1
インド 9.6
米国 17.3
世界 32.0
フィリピン 60.6
エジプト 91.0
パキスタン 114
ケニア 116
ナイジェリア 162
エチオピア 176
ウガンダ 198
スーダン 220
ザンビア 236
モザンビーク 241
タンザニア 297
コンゴ民主共和国 366
ニジェール 586

（出所）社会実情データ図録（http://honkawa2.sakura.ne.jp/1151.html）より転載

置を占め、2020年時点で3位であった米国の場合はほぼ人口が変わらず、世界第6位と一定程度のシェアを維持することが見て取れる。日本の人口は減少が進み、2100年時点は世界36位となる。上位の国の動向を見ると、ナイジェリア、コンゴ民主共和国、エチオピアといったアフリカ諸国の人口が大きく増加し、世界人口に占める位置づけが拡大することになる（**図表1-4**）。

そして人口動態から変化のトレンドを整理すると、今後はアフリカ地域の爆発的な増加が見込まれることがわかる。これは1990年代以降の中国の動向から類推すれば、労働力供給源・消費地・投資対象としてのアフリカ地域の位置づけが高まるとみることができるだろう。対照的に、現在の先進国を構成する日本や欧州の各国の人口は概ね減少が進むことが見通される。これは人口の変化が労働力の変化につながり、経済成長率や経済規模そのものに影響することを念頭におけば、日本や欧州の経済的位置づけが今後縮小することを意味する。

こうした日本や欧州の経済的位置づけの低下は、政治的・国際的な日本や欧州の位置づけの低下と、中国およびインド、アフリカといった地域の位置づけの拡大を予感させる。日本の世界における位置づけ低下を念頭におけば、激化する安全保障環境への対処や国際的ルールメイキングにおいて一定の影響力を確保するためには、アジア地域との連携・連帯を戦略的に進めていくことは必須だろう。

今後の重大リスクとして挙げられる環境問題は日本一国のみでは解決することが困難であり、各国間の連携が必須である。折しも国際的な分断が進む中、国際協調の欠如を是正することに、他国との連帯を通じて積極的に取り組んでいくことがより必要となるはずだ。

安定的な経済成長をドライバーとした課題解決

第2のポイントは、一定程度の経済成長を確保しながら、環境問題や少子高齢化といった世界の多くが抱える問題に対して日本は立ち向かう必要があるということだ（図表1-5）。

環境問題に関しては、2050年までに温室効果ガスの排出をネットでゼロにするために必要なエネルギー転換の絵姿が全くみえない状況では、さまざまな技術やエネルギーミックスの可能性を排除しないこと、さらに電力多消費的な中間財の輸入を進め、グリーン化に伴う新規投資と雇用創出を柱に省エネに対応した新たな経済構造の構築を進めることが求められる。こうした動きを進めるには積極的な設備投資が不可欠であるとともに、マイルドなインフレを伴いつつ、所得と支出の好循環を通じた安定的成長の維持というマクロ経済環境が欠かせない。

少子高齢化は人口減少という形で労働供給に対しマイナスの影響を及ぼし、それは潜在成長率の低下につながりうる。ただし、少子高齢化は他方で、少子化・高齢化という未来が要請する新たな財・サービスへのニーズの源泉ともなりうることも事実と言えよう。こうした潜在的なニーズを可視化・現実化し、社会構造の変化に国民の暮らしが合わせるのでなく、社会構造の変化に伴う潜在的ニーズに即応する形で国民の暮らしが豊かなものへと変化するためには、特にＡＩやロボットといったテクノロジーの効果的な使用とこれらの分野への設備投資を通じたディスラプションを進め、より良い未来を構築していくことが必要になるのではないか。

　さまざまな困難や悲観的な現実を前提として単線的に停滞への道を描くことはたやすい。

図表1-5｜90歳以上人口割合の国際比較

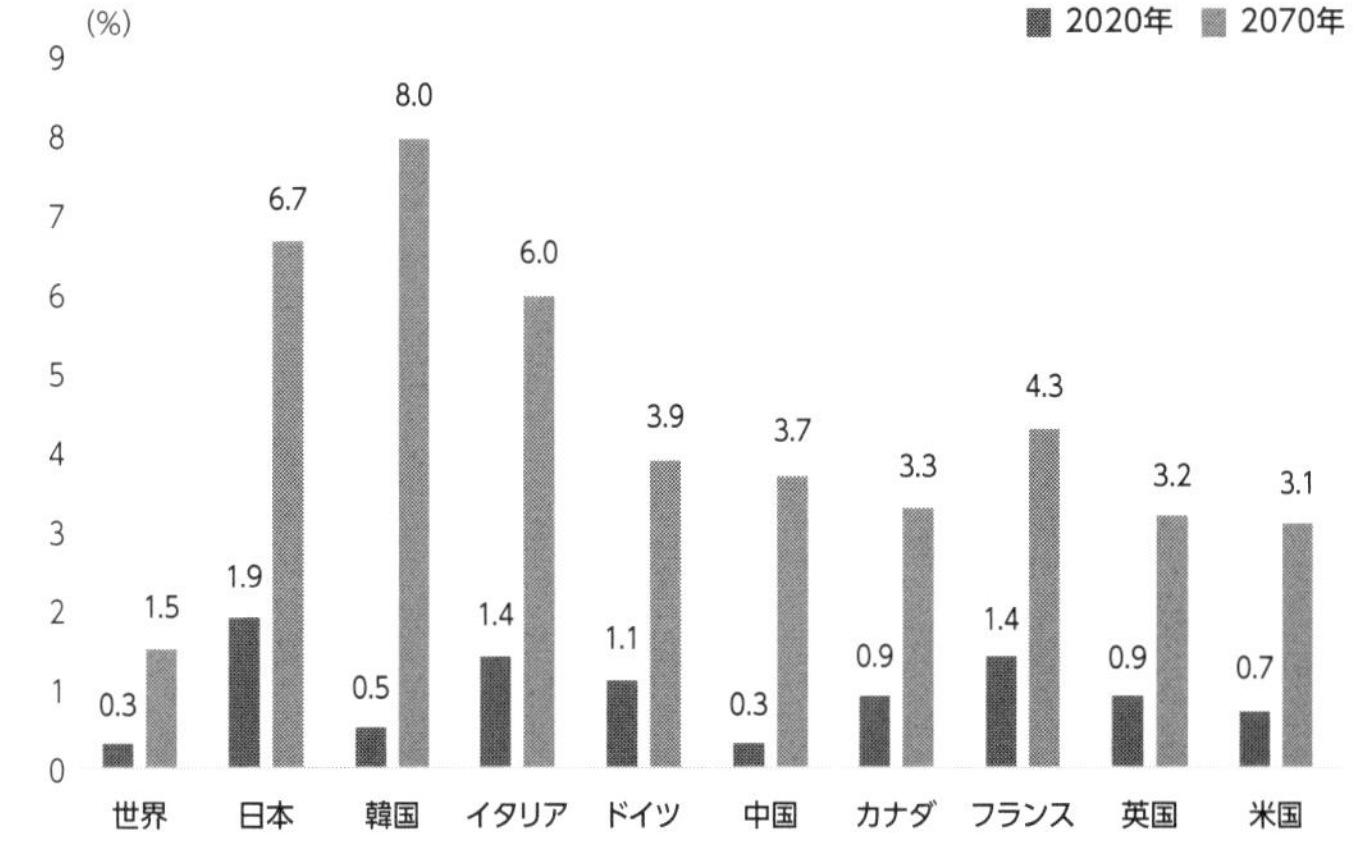

（出所）日本の値は国立社会保障・人口問題研究所、総務省統計局、その他の諸国の値は国連経済社会局「世界人口推計2022年版」より筆者作成

だがそうした停滞への道は現実に対する過度な不安を生み出しこそすれ、実際のところは将来に対して意味のある解決策をもたらさないのではないか。日本経済は不幸にも30年あまりの長期停滞に陥っている。長期停滞を打破することができれば、他国と比べて日本の伸び代は大きい。

マイルドなインフレを伴う安定的な成長を維持することの重要性は、本書の各章で提案している変革をよりスムーズに行うことにつながる。この点にも留意することが重要だろう。

インフレと所得拡大の好循環を可能にするための企業改革

第3のポイントは、各国との連携や安定的な経済成長を重視するのに加え、これから生じうる変化に対して日本企業はこれまでとは異なる対応の組み合わせが必要であるということである。**図表1-6**はそのポイントをまとめている。

2023年の日本経済のポイントを一言で表すとすれば、それは「30年ぶりの回復」ということになるだろう。株価、物価、雇用・賃金、設備投資は30年間の長期停滞以来の伸びとなっているためである。もちろん、低迷が続いているところもある。それが消費と分配であり、企業が稼いだ利益を労働者に賃金増という形でより分配し、国内に設備投資をより進めること、さらに消費者は増えた所得を消費に回していくことが可能かどうかが現在の課題であるということだ。

こうした賃金の増加が支出の拡大につながって、マイルドなインフレが持続する状況に日本経済が移行できるかは不確定要素がある。こうした点は留保するとして、インフレ、高金利、成長の収束というマクロ経済の大きな流れがトレンドとなる場合、企業として考えるべきは競争有意、個性重視、国内回帰という視点である。

まず競争有意というのは、「競争が意味を有する」ということを意味しており、いわゆる「競争優位」という概念とは異なる。では競争が意味を有する（意味を持つ）とはどう

図表1-6｜これからの世界とこれからの企業

これからの世界	これからの企業
● インフレ（高インフレ）	● 競争有意
● 高金利	● 個性重視
● 成長の収束	● 国内回帰
● 大きな政府	● インフラ優位
● 規制強化	● ロビイング優位
● 左傾化	● 大きな物語（パーパス）
● 非効率化	● 絶対優位
● 分断・多極化	● 供給源多極化
● 紛争拡大	● リスク優位

（出所）筆者作成

いうことか。これまで日本企業はデフレ経済の特徴が濃い国内市場では、競合相手と似た製品を少しずつモデルチェンジしながら、競合相手の動向をみつつ自分のポジションを獲得するという「競争」に明け暮れてきたように感じられる。

こうした「競争」は、競合相手が試みていない新たな事業領域を開拓し、そこでの利益を総取りするという意味での「競争」とは大きく性格を異にするものであり、過当競争と価格引き下げという2つの要素を伴うものであった。

「競争有意」というのは、こうしたデフレ時代の競争のあり方が変わり、日本企業も、競合相手が試みていない新たな事業領域を開拓し、そこでの利益を総取りするという意味での「競争」を進めなければ生き残れなくなるということを意味する。インフレの時代が本格的に到来し、高金利が定着するようになれば、資金を循環させる金融の役割も高まり、市場の拡大も進むことになるだろう。

「競争」が進むようになれば、「出る杭は打たれる」「他人と同じでよい」という環境は根本的に変わっていく。人手不足の中で個性豊かな人間が重視されれば、リスクをとること、チャレンジすることの重要性が増すのではないか。そして成長の収束を通じて新興国に立地して事業を行うことの経済的な魅力が薄れることは、インフレの高まりとともに生じる円安環境と相まって、国内回帰の重要性をさらに増すことにつながるだろう。

そして大きな政府、規制強化、左傾化（ポピュリズムの高まり）といった政治的な変化は、日本国内の産業を支える基礎的なインフラの耐用年数が限界に達してきていることも相まって、産業におけるインフラの優位性を高めることにつながるだろう。また政府の関与が強まるということは、企業の事業において、自社の競争力を確保すべく企業の立場を政府（官庁）に主張し協働していくロビイング活動の重要性が増すことになる。さらに企業の存在意義としての大きな物語、パーパスといったものがより重視されることになるはずだ。

最後に非効率化、分断・多極化、紛争拡大といった変化は企業にどのような変革をもたらしうるのだろうか。サプライチェーンの寸断や供給制約に見られる世界経済の非効率化は、各国が自国において比較優位のある産業に特化すべきという考え方から、絶対優位の方向へと流れが変わる転機となりうる。

絶対優位というのは、日本のように資源や食料を輸入に頼るような経済においても、それらの自給をある程度進めていくことが必要になるということを意味する。これは企業においても調達先や販売先を限定するのではなく、一定の非効率性を許容し、供給源を多様化することにもつながる。紛争拡大という流れは、企業経営において地政学リスク、進出先の政治動向、経済環境といったリスクの重要性とそれらリスクに対する的確な判断がより重要性を増すということである。

少子高齢化が進む中で日本国内のダウンサイジング化が進む中にあっては、日本製の製品やサービスを許容する分厚い消費者層を前提とした事業は方向転換を迫られ、海外市場の重要性が増していく可能性もある。そうなれば判断の重要性はさらに増す。

必要なのはヒトが主役となる新しい形での企業変革

デフレの時代は賃金の低下や雇用の悪化を通じ、人が自らの持つ力を存分に活かして働くことを抑圧する時代である。デフレ＝「貨幣愛」の高まりはカネの価値を高め、相対的にモノの価値、そしてモノをつくり出すヒトの価値を下げてしまった。岩尾俊兵『日本企業はなぜ「強み」を捨てるのか』（光文社新書）が指摘する通り、「ヒトよりカネが大事」というデフレ時代の投資思考を打破し、投資に付随するただの管理コストという立場に追いやられた日本の労働者を、価値創造の主役という本来あるべき姿に戻すことが、企業が価格上昇と賃金上昇の両立を図るための必要条件である。

円安はグローバルインフレの日本への輸入につながり、デフレで停滞した日本の財・サービスの価格を国際標準に復帰させる力となる。だが、既存の財・サービスの価格を単に上げるだけの状況は長続きしない。まず世界の最高の財・サービスを学び、自社の提供しうる価値、自社が対象とすべき顧客は誰なのか、その顧客の潜在的ニーズは何なのか、これらを把握することが必要だ。その上に立って、自社と他社とを差別化する戦略を構築・実行することを通じて、自らが世界最高の財・サービスを生み出していくことが求められる。

日本企業がデフレの時代に陥る前に持っていたヒト重視の経営コンセプトやヒトを活かすためのさまざまなテクノロジー、それらを十全に活かすための投資を駆使することで、ヒトが主役となる新しい形での企業改革が必要である。こうした改革がさまざまな産業に行き渡れば、日本は停滞から本格的に脱し、知らぬうちに大きく変貌するだろう。

本書の構成

本書の構成を簡単にまとめておこう。

第2章は「変化する国際環境における日本と日本企業のあり姿」と題して、国際環境の変化の中で日本はどのような役割を果たすべきかを論じている。ここでのメッセージは「日本は世界と組むミドルパワーのインド太平洋国家」になることを通じ、「世界と組む」ことを実践することが必要ということである。「世界と組む」とは何なのか。これがこの章のテーマである。

第3章は「超高齢化社会の望ましい未来」と題して、ともすれば陰鬱な未来を予想しがちな超高齢化社会とわれわれはどう付き合っていくべきなのか、望ましい未来とはどんなものなのかを論じている。高齢化が進むと経済成長が低迷する、という見方はあるが、国際比較を行ってみると、高齢化が低成長につながったとは言えない。超高齢化社会という環境変化にうまく対応して、安定した成長を維持することが望ましい未来のカギである。そして長期にわたり停滞した日本にとって、安定した成長を維持することによる恩恵は他国よりも大きい。そのために必要な戦略について議論している。

第4章は「人間社会に溶け込むテクノロジーとのつきあい方」として、加速度を増して発達するテクノロジーに対し、人間社会がどう向き合い、共存していくかというテーマについて議論している。未来は「必要は発明の母」の逆、つまりさまざまな高度なテクノロジーの発達が先導し、それが人間社会の必要性を掘り起こすことで社会実装が進むという流れである。こうした流れをつかむことは新たなビジネスチャンスにもつながるし、他の章で論じている課題解決を容易かつ高速化することにも寄与するだろう。

第5章は「サイバー空間の安全をいかに確保するか」についてである。インターネットが発達する中で、インターネットとコンピュータで構成されるサイバー空間の重要性が増していることは言うまでもない。こうした中で、サイバー空間に脅威を与えることで国、企業、個人の各層に被害を及ぼそうとする犯罪行為も増加している。これらの脅威に対してわれわれはどう対処したら良いかを論じている。

第6章は「ビジネスで実現するネイチャーポジティブ」として、ネイチャーポジティブ（自然の再興）について論じている。自然へのダメージを前提としない形で経済成長を追求できる時代は終わりつつある。だが、だからといって自然環境に配慮して経済成長を犠牲にしてしまうことは好ましくないし、ネイチャーポジティブを十分に進めることもできない可能性がある。ビジネスや経済をうまく活用することが問題解決への道なのだ。

第7章は「問い直されるウェルビーイングのあり方」と題して、ウェルビーイングについて議論する。ウェルビーイングとは心身ともに満たされた状態を指す概念だが、「人生100年時代」と言われる昨今、良く生きるとはどういうことを指すのか、どうしたら良いかという点についての関心は近年増していると言えるだろう。デジタル化やテクノロジーの進化により「豊かさ」や「幸せ」の定量化・見える化が進む中で、国や企業はどうあるべきかがこの章のテーマである。

第8章は、ここまでの議論を振り返りつつ、日本企業、ひいては日本にとっての「勝ち筋」、今後とりうるべき戦略について議論している。

世界が抱える課題は、特定の専門領域の知見のみで解決策が見出せるようなものではなく、むしろ各専門領域の狭間に存在している。ＰｗＣコンサルティングのシンクタンク部門として設立されたPwC Intelligenceはマクロ経済、サステナビリティ、地政学、サイバーセキュリティ、テクノロジーの5つの専門領域を柱に据え、この5つの専門領域に加えて業界別の知見をさらに組み合わせる「統合知」を通じてインテリジェンスを企業に提供することを目指している。

そしてこの「統合知」は専門領域や業界知見を組み合わせるという意味合いに加えて、各専門領域の専門家の洞察、事実に基づくデータ分析、さらに社内外の有識者ネットワークという3者を有機的に組み合わせるという行為を通じて、知の生成・集積のあり方をも統合させようという狙いをも有している。

各章の執筆にあたっては、こうした「統合知」の考え方を具現化すべく、社内外の有識者ネットワークを最大限活かして該当分野とは異なる専門領域の考え方を反映させるなどの工夫を行った。

本書を手に取られた読者の皆様が、今後日本は、企業は、自らはどうしたらよいのか、そのための考え・戦略をより深めるきっかけとなれば幸いである。

column

インテリジェンスを考えるにあたり重要な2つのポイント

「インテリジェンス」とは何だろうか。インテリジェンスと聞くと、読者の頭の中に浮かぶのは、ジェームズ・ボンド、イーサン・ハント、ジャック・ライアンといった架空の人物の名前かもしれない。彼らは、諜報機関に属するエージェント、スパイ、分析官であり、インテリジェンスとは、こうした諜報機関で集められた情報、ないし情報を分析・解釈したものであるという理解である。もちろん、こうした理解は間違いではないが、次の2つのポイントから考えると見通しがよくなるだろう。

第1のポイントは、誰にとってのインテリジェンスなのかという点をはっきりさせるのが重要だということだ。

元々、インテリジェンスは生物の「知識、知能」の意味合いで使われるが、これは、生物が「認識し、理解するための能力」を指している。つまり、生命にとってのインテリジェンスというのは、自らの身の周りのさまざまな情報を取捨選択する上で必要となる能力ということだ。これを国家にとってのインテリジェンスと置き換えると、国家レベルのインテリジェンスとは「国家の知性」を意味し、情報（インフォメーション）を選別する能力ということになる。つまり、国益のために収集、分析、評価された、外交・安全保障政策における判断のための情報という意味合いになる。こう見ると、諜報機関で行われる活動は国家のインテリジェンスに該当するものである。

そして2つ目のポイントは、情報を意味する「インフォメーション」という概念とは異なるということである。インテリジェンス（Intelligence）の語源を調べてみると、ラテン語の「inter」と「lego」という2つの言葉に行き着く。このうち「inter」は「〜の間」を意味する言葉、「lego」は「何かを集める、拾い集める」という意味を有した言葉である。

この2つの言葉を経済分析に当てはめてみると、分析の基礎となる経済指標や政策担当者の発言、企業や家計のマインドといった事実を丹念に調べることが、ここでいう「lego」、つまり「拾い集め」るということになる。ただし事実を単に拾い集めるだけではインテリジェンスとはならない。それはインテリジェンスではなく、情報（インフォメーション）ということになろう。1つひとつの情報をインテリジェンスとして形づくるには、それぞれの事実の文脈・行間を整理・統合して、全体像を「知識・知恵」として提供することが必要となる。

こう見ていくと、インテリジェンスの巧拙は結局のところ個々の事実の解釈の巧拙に帰すると思われる。さまざまな専門領域のインテリジェンスを、それを利用する企業にとっての良きインテリジェンスたらしめるには、個々の事実を整理・統合し、日本ひいては世界の発展に資するような前向きかつ対策を兼ね備えたものでなければならない、とわれわれは考える。われわれが目指すインテリジェンスとは以上の意味なのである。

第2章

変化する国際環境における日本と日本企業のあり姿

本章のpoint 国際関係

point 1

これからの日本は、世界の潮流に対する感度を高め、変化に適応しながら、世界のダイナミズムを自らの成長に取り込んでいく「世界と組む国」に脱皮する必要がある。

point 2

日本はアジアと米欧の信頼を勝ち取り、ブリッジとしての役割を果たすことで、双方のダイナミズムを取り込むことができる絶好のポジションにある。

point 3

成長著しいアジア新興国では社会課題の解決におけるデジタル活用が進む。日本企業はアジア観をアップデートし、ダイナミズムあふれる新興国から学ぶ姿勢を持ちたい。

日本を取り巻く環境が大きく変化する中、足元のアジアおよびインド太平洋地域は世界における重要性を増し続けている。経済的には世界の成長エンジンであり、米中二大国が影響力を競う地政学上の主戦場でもある。気候変動という地球規模の課題においても、同地域での対応が世界の脱炭素実現の成否を大きく左右する。日本はこの地域が成長ポテンシャルを最大限に発揮できるよう貢献し、企業も地域の活力を自社の機会に結びつけなくてはならない。本章では日本が果たすべき役割や日本企業のアジア新興国とのビジネスのあり方について論じる。

多極化する世界における日本のあり姿

米中は選別的対立の時代へ

米国が「世界の警察官」としての役割に躊躇する一方、中国やインドなどＢＲＩＣＳ諸国をはじめとする新興国が台頭している。そして世界は、米国を中心とする自由・民主主義陣営、中露などの権威主義陣営、さらには新興・途上国を指すグローバルサウスなど、圧倒的な力を持つ覇権国のない多極化の時代に突入しつつある。こう見ると、世界は21世紀初頭まで続いたパックス・アメリカーナ（米国の覇権）からの移行期にあるとも言えるだろう。

この新たな状況において厳しさを増す米中の緊張関係は、両者ともに譲歩する動機や契機は見当たらないため、長期にわたり継続すると考えられる。中国が「中所得国の罠」に陥り、マクロ経済も金融危機などにより大きな調整を迫られる可能性は排除できず、GDP総額で米国を追い越すかどうかは定かではない。だが、たとえ逆転できなくても、米国にとっては最大限の警戒を要する挑戦国という中国の位置づけは変わらず、中国の特にインド太平洋地域での影響力は極めて大きいものであり続けるだろう。

こうした状況下、米中が「トゥキディデスの罠※」に陥り、対立が戦争にまで発展する事態を懸念する声もあるが、今後の両国関係は「選別的対立」の方向に動く可能性が高いのではないか。つまり、

※ 用語解説

トゥキディデスの罠

米ハーバード大学の政治学者、グレアム・アリソン教授は自著『米中戦争前夜』（ダイヤモンド社、2017年）で「トゥキディデスの罠」を紹介。同教授は過去500年間における国家間の覇権争いから16の事例を検証し、覇権国に挑戦する新興国が現れる状況下では戦争が起きやすいとし、これを「トゥキディデスの罠」と表した。トゥキディデスはアテネとスパルタの戦いを分析した古代ギリシアの歴史家。

両国とも核兵器を持つがゆえに、武力による戦争となれば致命的な悲劇に至る。こうした事態は両国にとって好ましいとは言えず、対立は軍備を増強しつつも、経済を武器に競争することに主眼が置かれるだろう。相手には関税賦課、輸出制限、投資制限、経済制裁などの手段を用いる一方、産業政策で自国の経済やサプライチェーンの強靭化を図り、相手への依存を可能な限り低減するといった経済安全保障がますます重要性を増す。軍事・安全保障に絡むような半導体等の先端技術を巡っても、米中は妥協せずに競争を続けるというシナリオである。

米中の密接な経済関係は少し変わりつつあるようだ。例えば貿易総額は、両国の対立が激しくなり始めた2017年のトランプ政権発足後、2018年央から段階的に賦課された追加関税や新型コロナの影響で2019~20年に落ち込み、続く2021~22年は米国経済の回復などを背景に増加した。しかし、2023年には再び減少に転じている（**図表2-1**）。また、中国は米国の輸入相手国として2009年以来2022年まで1位であったが、2023年はメキシコに抜かれて2位となっている。これは中国リスクへの対応が進んだ結果と言える。今後の米中経済関係は、安全保障の性格が強い機微分野や輸出入に制限のかかる可能性が排除できない分野と、食品や日用品といった経済合理性を優先できる分野のまだら模様になっていくだろう。

多極化の中でも衰えない米国のダイナミズム

米中が選別的対立の時代へと転換していくことを念頭においた場合、西側先進国と価値観を共有し、米国との同盟を安全保障政策の基盤とする日本にとっては、米国のパワーがどこまで低下するかは重要な問題である。結論から言えば、米国は圧倒的覇権国ではなくなるとしても、米国が内包する以下のようなダイナミズムが存在する限り、国際社会において重きをなし続けるだろう。

第1のダイナミズムは、米国が世界中から才能を惹きよせる磁場となっている点である。

図表2-1｜米国の対中貿易

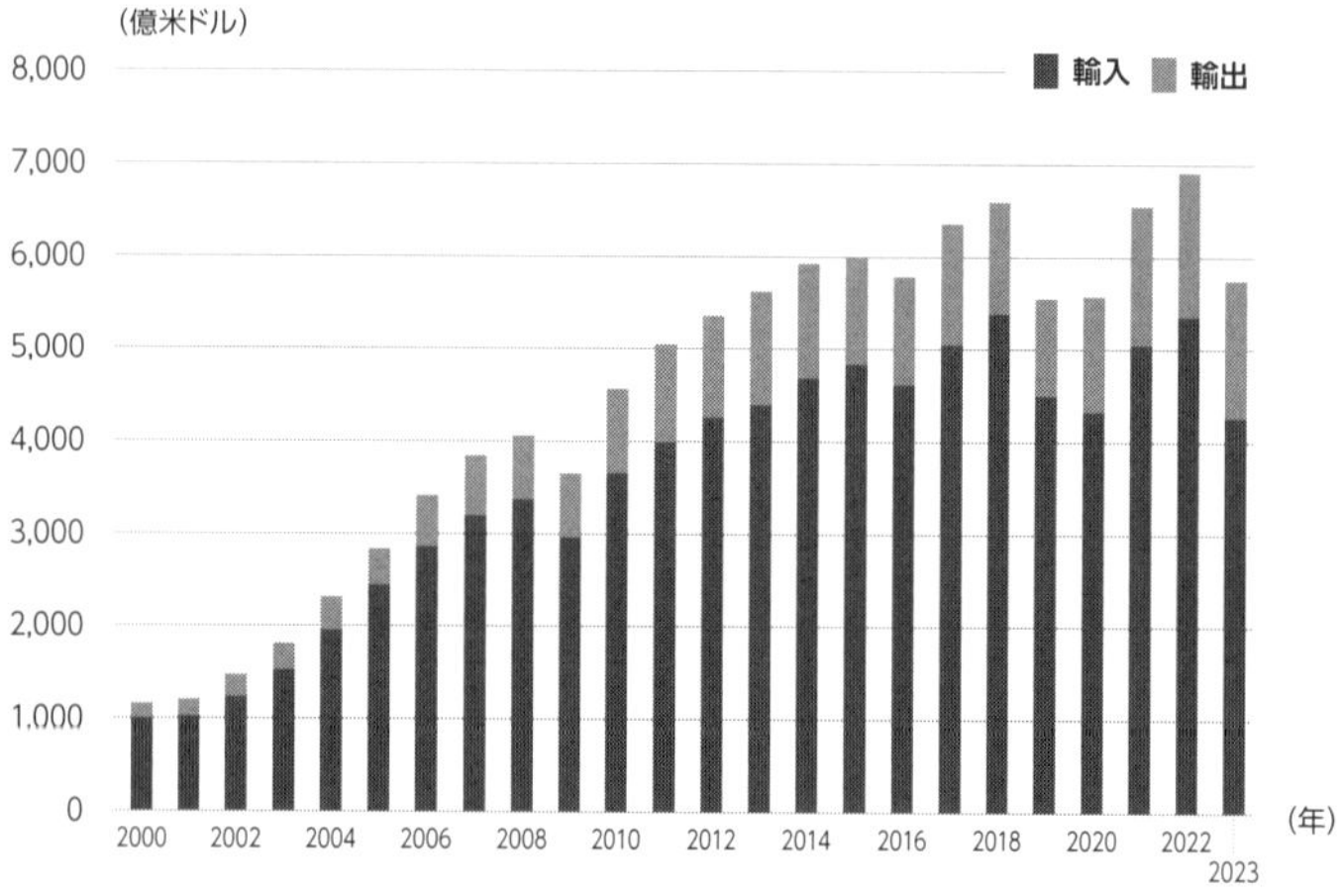

（出所）米商務省統計より筆者作成

米国には世界から才能が集う大学、企業、スタートアップ、ベンチャーキャピタルなどが存在する。この磁力によって生み出されるイノベーションと新産業を創出する力が米国の成長を支え、実力主義の大きな舞台でのチャレンジを求める有能なタレントを世界中から惹きつける。この循環は米国の国力の源泉として機能している。新産業を創出する力という点に関連して、2023年9月時点でのユニコーン企業数を見ると、米国は653社で全体の過半を占め、続く中国（169社）、インド（70社）などに大差をつけている（**図表2-2**）。

第2に、グローバルネットワークが挙げられる。米国はアングロサクソンの枠組み（ファ

図表**2-2** ｜ **国別のユニコーン企業数**（2023年9月時点）

ユニコーン企業数ランキング（2023年）			
順位	国	企業数（社）	割合（%）
1	米国	653	53.4
2	中国	169	13.8
3	インド	70	5.7
4	英国	48	3.9
5	ドイツ	29	2.4
6	フランス	25	2.0
7	イスラエル	24	2.0
8	カナダ	20	1.6
9	ブラジル	16	1.3
10	韓国	14	1.1
～			
18	日本	6	0.5
	合計	1,222	100

（注）ユニコーン企業の定義は、創業10年以内、評価額10億米ドル以上、非上場の民間企業
（出所）CB Insightsより筆者作成

イブアイズ、ＡＵＫＵＳ）、欧州との北大西洋条約機構（ＮＡＴＯ）、日米豪印の連携枠組みであるＱＵＡＤといった国家レベルの同盟やパートナーシップのみならず、グローバル企業やビッグテック、スタートアップによるビジネスのつながり、移民や留学生といった人流など、多重かつ複層的なネットワークで世界と強固に結ばれている。これらは米国がよって立つ価値観（法の支配、自由、民主主義、多様性など）を世界に伝播する役割も果たしており、第１のダイナミズムである磁場としての魅力を増幅させてもいる。

第３は人口動態である。国際連合によると、米国の人口は２０２２年時点で３億３７００万人であるが、マイノリティー

図表2-3｜米国の人口推移（予測）

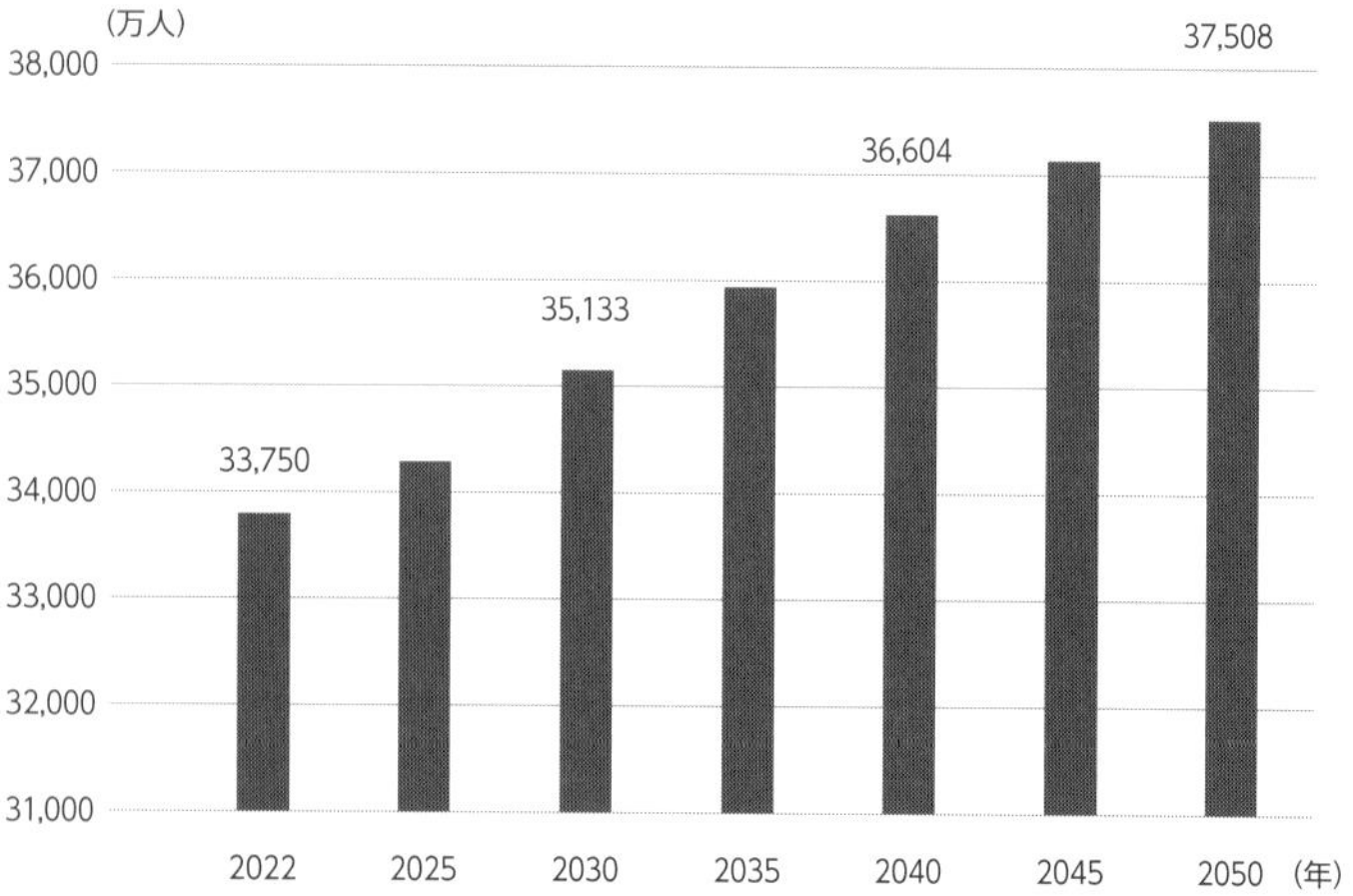

（出所）国連経済社会局「世界人口推計2022年版」より筆者作成

の高い出生率や移民流入もあり、2030年には3億5100万人、2050年には3億7500万人と増え続ける（図表2-3）。中国がすでに人口減少局面に入っているのとは対照的である。マジョリティーである白人の割合減少といった人種構成の変化が社会の摩擦要因となる懸念はあるものの、人種をはじめとしたさまざまな属性における多様性が米国の強みとなる点は今後も変わらないであろう。

こうしたダイナミズムが社会に活力をもたらす結果として、米国のGDPは安定的に拡大を続け、こうした経済力に支えられ、米国は今後も世界一の軍事大国であり続ける。しかし、国内での対立や分断への対応に忙殺されるような状況になれば、世界やアジアへの関与が弱まる可能性が十分にあることは懸念点である。

日本は世界と組むミドルパワー国家へ

こうした前提に立った場合、日本は変わりゆく世界でどのような役割を担うことで存在感を示せるのだろうか。

GDPや人口をベースとした経済規模やハードパワーでみれば、日本の存在感は相対的には低下する。しかし、デフレから脱却し一定のペースで成長を続けることができれば、その経済力は一定の規模を維持し続けられるだろう。ここで重要なのは、経済の先行きを過度に悲観して縮み志向になったり、経済規模に満足して内向き志向になったりしないことである。今後の日本は、日本人や国内市場だけに依拠した発想で困難を乗り越えようとするのではなく、世界のダイナミズムを自らの成長に取り込むといった「世界と組む」意識を持ち、国内にもダイナミズムを取り戻していく必要がある。

日本が同盟を結び価値観を共有する米国は自国のダイナミズムを磁力として世界とつながりを持ち、イノベーションや新産業創出といった面を中心に世界をリードし続けている。さまざまな問題を抱えているのは確かだが、個人の自由な発想を尊重し、その属性にかかわらず実力を評価して機会を与えようとする姿勢など、米国の底力を支える思想から日本が学べることは少なくない。

米国のような大国でなくとも、世界的視野でリソースを捉え、世界と組むことでダイナミズムを確保している小国もある。例えば、人口約８８０万人のスイスは、人材、教育、生活の質といったソフト面を重視するクオリティ戦略で外国からの高度人材や資金などを惹きつける。その国際競争力は世界トップクラスと評価されている。

日本は米中に並ぶのは難しいとしても、経済力や科学技術力などを総合的に勘案すればミドルパワーの筆頭格と言える。インド太平洋地域の安定と発展のために、より積極的な貢献が期待されている存在でもある。日本はアジアの一員だが歴史的に西洋の価値観、政治経済制度、テクノロジーをいち早く吸収し、19世紀末にはアジアで最初の先進国となった。現在はG7で唯一のアジアの国として、米欧の主要国にアジアの立場や視点を伝えることができる存在でもある。

そのアジアは今後の世界経済をけん引する成長エンジンである。特に新興地域である東南アジア、南西アジアは活力にあふれている。多くの国で人口は増加基調で、中間年齢も20代から30代前半と若く、人口ボーナスを享受できる局面にある。消費意欲の強い中間所得層も着実な拡大が期待できる。政治、社会も他地域の新興国と比較し、相対的に安定している。

東南・南西アジアは地政学的にも重要性を増していくだろう。東西両陣営間の分断が加速、固定化するほど、いずれにも与せず、中立を保つこれら地域の国々の存在感は高まる。同時に、これらの国々は米国、中国という両大国に翻弄されることに強い懸念を有しており、この点は日本も共有できる。特に米国に対しては、中国の存在感が大きい中で、今後もアジアに積極的に関与し、地域の安定に寄与する意思を持ち続けるかどうかといった疑念は常につきまとう。こうした中、地域の一員であり米国と強いつながりを持つ日本に対し、米国をアジアにつなぎ止める役割を期待する声は大きい。

こう見ると、日本はアジアと米欧をつなぐ役割を果たしつつ、双方のダイナミズムを取り込める絶好のポジションにある。日本としては国家、企業、個人などさまざまなチャネルにおける双方との交流を強化することで、両者からの信頼を勝ち取り、アジアと米欧をブリッジする能力を高めていくことが必要である。足元のアジア、インド太平洋地域が成長ポテンシャルを十分に発揮できる環境を能動的に創出する役割を担うことでこそ、日本は世界と組みながら、グローバルに存在感を示すことができる。

「世界と組む日本」の実現に向けた方策

日本が「世界と組むミドルパワーのインド太平洋国家」となるためにはどのような具体策や視点が必要なのだろうか。その点について見ておこう。

外交、安全保障：米国とアジアのブリッジ役に

まず外交、安全保障についてである。中国などの新興国が台頭し、世界が多極化しても、法の支配、自由、民主主義、多様性といった価値観は国際社会において説得力を持つ軸の1つであり続けるであろうし、その価値観を掲げる米国との関係は今後も日本の外交、安全保障における基盤である。

日本を取り巻く北東アジアの安全保障環境は今後も厳しいことが想定される中、米国との同盟関係は極めて重要である。ただ、これは日本が米国に一方的に依存するということではない。

米国では世界の警察官としての役割に躊躇する傾向が見られ、オフショア・バランシング戦略論※のようなものも台頭してきているが、日本は日米同盟をベースにしつつ、インド太平洋地域の安全保障に主体的に貢献していく必要がある。米国と連携しつつも過度に依存することなく、

※ 用語解説

オフショア・バランシング戦略論

米シカゴ大学のジョン・ミアシャイマー教授等のリアリストが米外交誌「Foreign Affairs」(2016年7月号)で発表。イラク戦争、アフガニスタン戦争など、冷戦後のグローバルエンゲージメント戦略が米外交を破綻させたとし、米国はグローバルな軍事関与を控え、覇権国の出現を阻止することに大きなインセンティブを持つ地域諸国に防衛上の重責を担わせることを特徴とする。

価値観や地域の安全保障環境への懸念を共有する国々と二国間、多国間で安全保障面での協力、連携を強化していきたいところである。また、米中関係の動向にかかわらず、中国との対話のチャネルを維持、拡大する努力も求められよう。

そうすることで日本は米国に対して一定の発言力を確保でき、安全保障のみならず、通商や気候変動などの領域においても、米国に「アジアの声」を伝え、米国とアジアのブリッジ役を効果的に果たすことができるだろう（図表2-4）。

通商：多国間枠組みやルール形成での指導力発揮

エネルギーや食料などの資源に恵まれない日本は、工業製品の製造・輸出を通じて外貨を獲得し、通商国家として世界の国々との経済的相互依存を深化させてきた。特にアジア地域では、貿易・投資の促進、インフラ開発支援などにおいて重要な役割を果たし、信頼関係を構築してきた。今後、世界における日本の経済的位置づけが低下したとしても、世界のミドルパワー先進国として、多国間主義に基づき、デジタルやサービス貿易面での国際ルールづくりや協力推進に指導力を発揮し、通商国家としてのプレゼンスを高めていくべきである。

成長するアジアにはさまざまな地域経済連携の枠組みが存在するが、日本としては「自由で開かれたインド太平洋」の姿勢を堅持し、米国をしっかりとこの地域につなぎ止め、太平洋の「分断」を回避する役割を担うべきである。例えば、米国が主導し、ASEAN各国やインド、豪州などが参加する「インド太平洋経済枠組み」（IPEF）についても、日本は積極的に関与し、米国とアジアが利益の一致点を見出し、それを通商ルールとして具体化できるように貢献したいところである。

中国との通商関係については選別的な対応・戦略が必要となる。日本企業は中国とのビジネスが今後も順調に継続する分野をよく見極める必要がある。重要鉱物や半導体など

図表2-4 | 世界と組むミドルパワー国家としての日本の役割

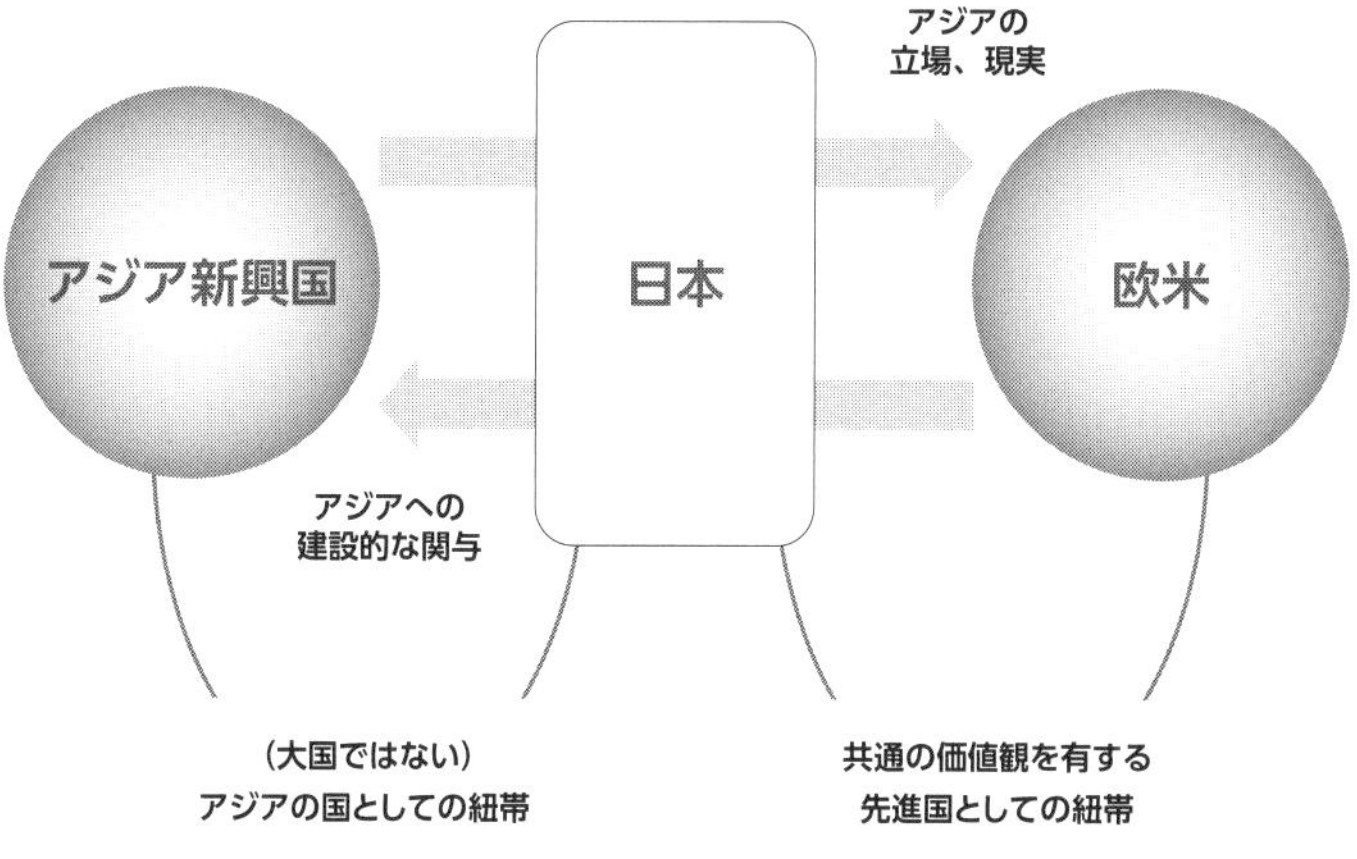

（出所）筆者作成

の分野ではサプライチェーンの分散化、強靭化を図り、中長期的な目線でリスクを低減することが求められる。

気候変動：ソフトパワーとして、脱炭素の技術開発と新興国支援を強化

石油・天然ガスなどのエネルギーを海外に依存する日本にとって、エネルギーを低コストかつ安定的に供給できる脱炭素関連技術の開発は気候変動対応のみならず、エネルギー安全保障上も重要な国家戦略と位置づけられる。一方、化石燃料への依存度の高い国が多い新興国は増大するエネルギー需要と脱炭素という要請に同時に対応しなくてはならない難しさを抱える。化石燃料を使用した火力発電所を早期に閉鎖すれば、人口増と経済成長を支えるエネルギーが不足する可能性もある。

日本はエネルギーの海外依存度や1次エネルギー供給に占める化石燃料の比率が高い一方で、原子力発電、太陽光発電や風力発電などの再生可能エネルギーの利用には原子力発電所の事故の経験や地理的条件などによる制約を抱えつつ、それでも脱炭素に取り組んでいく難しい責任を有している。だからこそ、新興国の悩みを理解した上で現地に寄り添ったエネルギートランジショ

ン支援が展開できる。

新興国が脱炭素化を進めるには技術力と資金力が必要である。日本は再生可能エネルギー、水素・アンモニア、ＣＣＵＳ（二酸化炭素の回収・利用・貯留）などの研究開発や利活用で脱炭素を加速しつつ、新興国に対しては各国の事情に即した、個別に最適なソリューションを提示するような支援を行うことが期待される。

資金の点では、日本政府が２０２１年に表明した「アジア・エネルギー・トランジション・イニシアティブ（ＡＥＴＩ）※」は、再エネ投資活発化の突破口の１つになりうる。この中で、日本は再エネを最大限導入しながら化石燃料火力をゼロエミッション火力に転換するために、１億米ドル規模の先導的な事業展開や、アジアでの技術開発、水素・アンモニアのインフラ整備やサプライチェーン構築に向けた国際共同投資などについて、アジア各国と連携して推進する方針を示している。

新興国も、先進国による投資などで経済合理性が担保されるので

※ 用語解説

アジア・エネルギー・トランジション・イニシアティブ（AETI）

経済産業省が 2021 年 5 月に発表した、アジアのエネルギートランジションに対する包括的支援策。経済成長とカーボンニュートラルの両立に向けては、各国の産業構造や地理的条件などを勘案した、各国に適した現実的なエネルギートランジションが重要との考えを基礎とする。ロードマップの策定支援、トランジションファイナンスの考え方の提示・普及、100 億米ドル規模のファイナンス支援、技術開発支援、人材育成などを柱とする。

あれば、脱炭素を加速度的に進めたい思いはある。日本としては、新興国には化石燃料からの脱却は時期尚早といった予断を持たず、時宜を逸することなく最先端のソリューションを持ち込む姿勢は持っておきたい。もちろん、技術開発やファイナンスの提供、安定的なサプライチェーンの構築に向け、他の先進国も積極的に巻き込み連携していくことも欠かせない。こうした脱炭素支援のあり方は日本のソフトパワーともなり、「世界と組む力」を高めてくれるだろう。

人流・教育：外の世界への感度を高め、世界と組む日本へ

島国である日本は基本的には国内の1億2000万人しか使用しない日本語という一種のバリアの中で世界観が構築されやすい。戦前の日本が世界情勢の変化に対するリアリズムを失い太平洋戦争に突入し敗戦に至ったように、「失われた30年」からいまだ完全には脱却しきれていない今日の日本も、日本の外で起きている世界の動きに鈍感で、内向き志向が蔓延している傾向はないだろうか。

例えば、欧州のビジネススクールが発表した2023年の世界人材ランキングでは日本は43位と、2005年の調査開始以来の最低順位を更新した。[注1] 語学力や上級管理職の国際経験に対する

注1：International Institute for Management Development (IMD)「World Talent Ranking 2023」

評価の低さ、GDP比の教育投資の少なさなどが要因として指摘されている。ランキングの妥当性にはさまざまな評価があるが、ここで浮き彫りになった、高度外国人材から見たビジネス環境の魅力の乏しさは憂慮すべき点である。日本の大学内研究所の調査でも、アジアのホワイトカラー人材が日本企業で働くことを望む割合は、2008年の74%から2022年には40%に低下している。[注2]

日本が「世界と組む力」を強化していくためには、日本人の英語力の強化、高度外国人材の受け入れ促進、日本の大学の国際的競争力の向上などは必須である。日本と同じ島国の英国はグローバルな英語の通用性や旧大英帝国のネットワークも背景に、世界とのつながりを維持、強化し、自国の成長につなげている。

進化論を提唱したチャールズ・ダーウィンの言葉に「生き残る種とは、最も強いものではなく、最も知的なものでもない。最もよく変化に適応したものである」というものがある。未来世界で日本が飛躍するためには、世界の潮流に対する感度を高め、変化に適応しながら、世界のダイナミズムをしっかりと取り込んでいく「世界と組む国」に脱皮することが急務である。

注2：早稲田大学トランスナショナルHRM研究所「会報第14号（2023年3月）」

アジア新興国とのビジネス関係のあり方

日本の経験を活かし、新興国の発展を下支え

日本が成長し続けるためにはいままで以上に世界のダイナミズムを取り込む必要があるが、それはビジネスにおいても同様である。多くの日本企業にとって、海外ビジネスにおける最注力先は短期的にも中長期的にもインド太平洋地域である。中国とのビジネスは慎重なかじ取りが求められるが、今後も重要な事業展開先であることに変わりはない。ただ、さらなる事業拡大においては、成長余地の大きい東南アジアや南西アジアの新興国によりシフトする可能性が強まるだろう。

日本企業がアジア新興国のダイナミズムに活路を見出すのであれば、日本の強みを活かして各国の安定的で持続可能な成長の実現に貢献することが、これまで以上に重要になる。1人当たり

ＧＤＰで見ると、アジア新興国はちょうど日本の１９６０年代後半から１９８０年代前半の水準にあり、まさに本格的な経済発展の時期を迎えている（**図表２-５**）。日本が先んじて成長期を迎え、先進国となった過程で積み上げた経験やノウハウは、新興国が将来を見据えながら自国の発展を考えるにあたり、有用であろう。

　具体的には、先述したエネルギートランジションの支援のほか、少子高齢化やインフラ老朽化への対応を迫られる課題先進国としての貢献などが挙げられる。アジア新興国は当面は人口ボーナスを享受するが、タイのように中所得国のまま経済成長が減速し、すでに高齢社会（65歳以上の全人口に占める割合が

図表**2-5**｜**日本（1960～2022年）とアジア新興国（2022年）の1人当たりGDP**

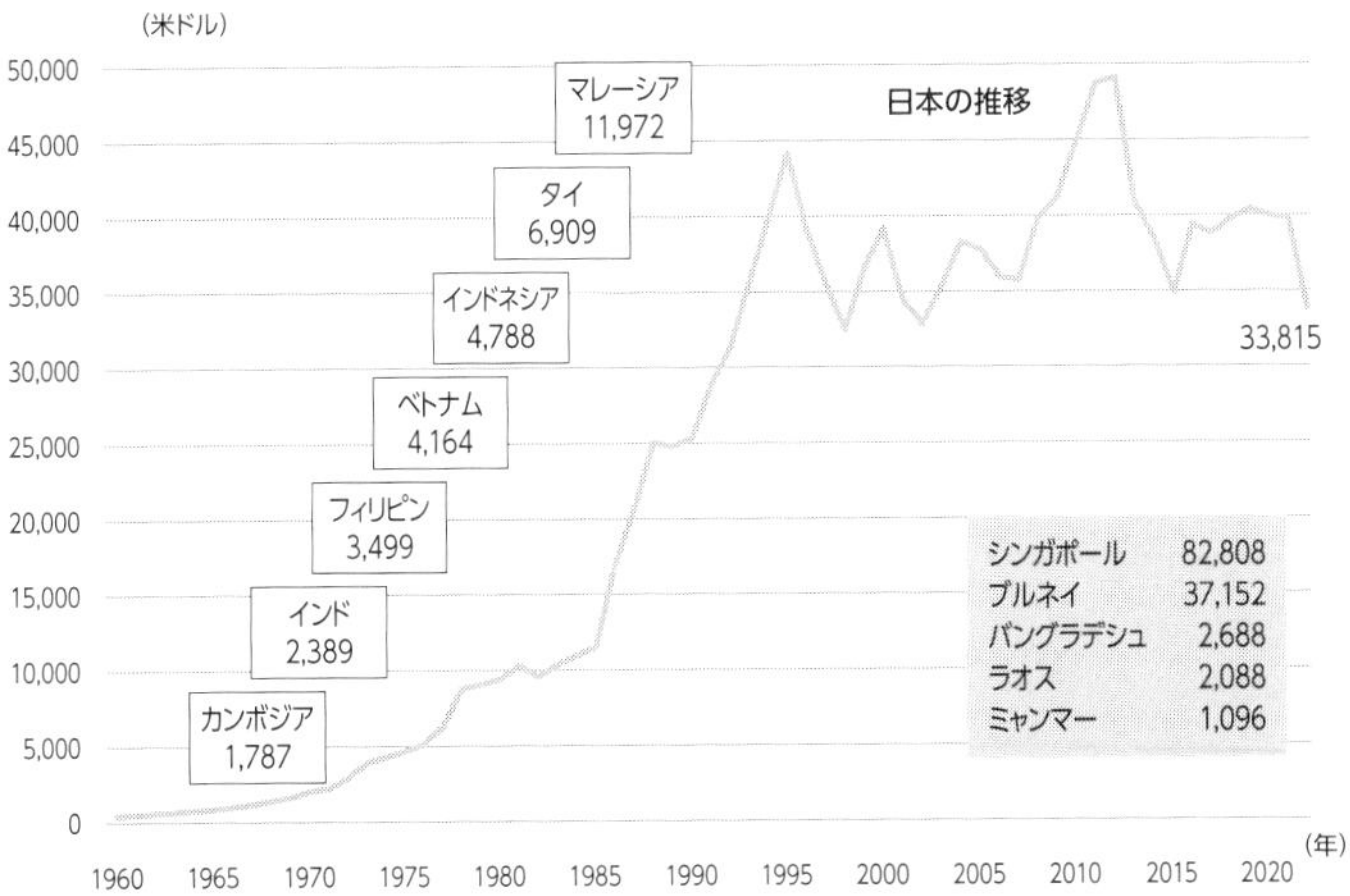

（出所）世界銀行「World Development Indicators」より筆者作成

14%超）に移行した国もある。その他のアジア新興国でも早晩、タイと同様の状況を迎えるところが出てくるであろう。日本は将来的な高齢者増を視野に入れた都市開発のあり方など、成長のさらに先を見据えたノウハウを提供できる。また、日本では高度経済成長期以降に全土で整備されたインフラが急速に老朽化しており、財政難や人口減という悪条件の中でインフラの維持管理、更新、処分に取り組む必要に迫られている。この対処の過程で得たノウハウや視点は、これから多くのインフラを新規に整備、構築する新興国にも生きるものであろう。

アジア新興国のデジタル活用に学ぶ

次に、アジア新興国の勢いの取り込みという観点で考えてみたい。まずはインフラ整備や産業高度化における需要の取り込みや、分厚くなる中間所得層に向けたビジネスの展開が想起される。デフレ局面下で日本企業が鍛えてきた「高品質ながらお手頃価格」といった形での高付加価値製品、サービス、さらにアニメなどの日本独自のエンターテインメントは、新興国でも十分に通用するポテンシャルがある。経済発展により、価格以外の付加価値や嗜好性の高いものに対価を支払う消費者が増加していく点は追い風である。

日本企業がアジア新興国の勢いを取り込む新しい領域としては、デジタルの活用を挙げておきたい。実際、社会課題の解決、産業活動や消費生活の効率化や利便性の向上におけるデジタルの活用、社会実装という点では、既存のインフラが未整備であるため新たな技術が一気に普及しやすい東南アジアや南西アジアの方が日本より進んでいると感じることは少なくない。

具体的に述べると、アジア新興国は1人当たりGDPでは日本の1960年代後半から80年代前半あたりだが、携帯電話の普及率を補助線として両者の発展を比較すると、違いが鮮明になる（**図表2-6**）。日本は2022年時点での1人当たりGDPが約3万4000

図表**2-6** | **アジア新興国と日本の1人当たりGDPと携帯電話の普及率**

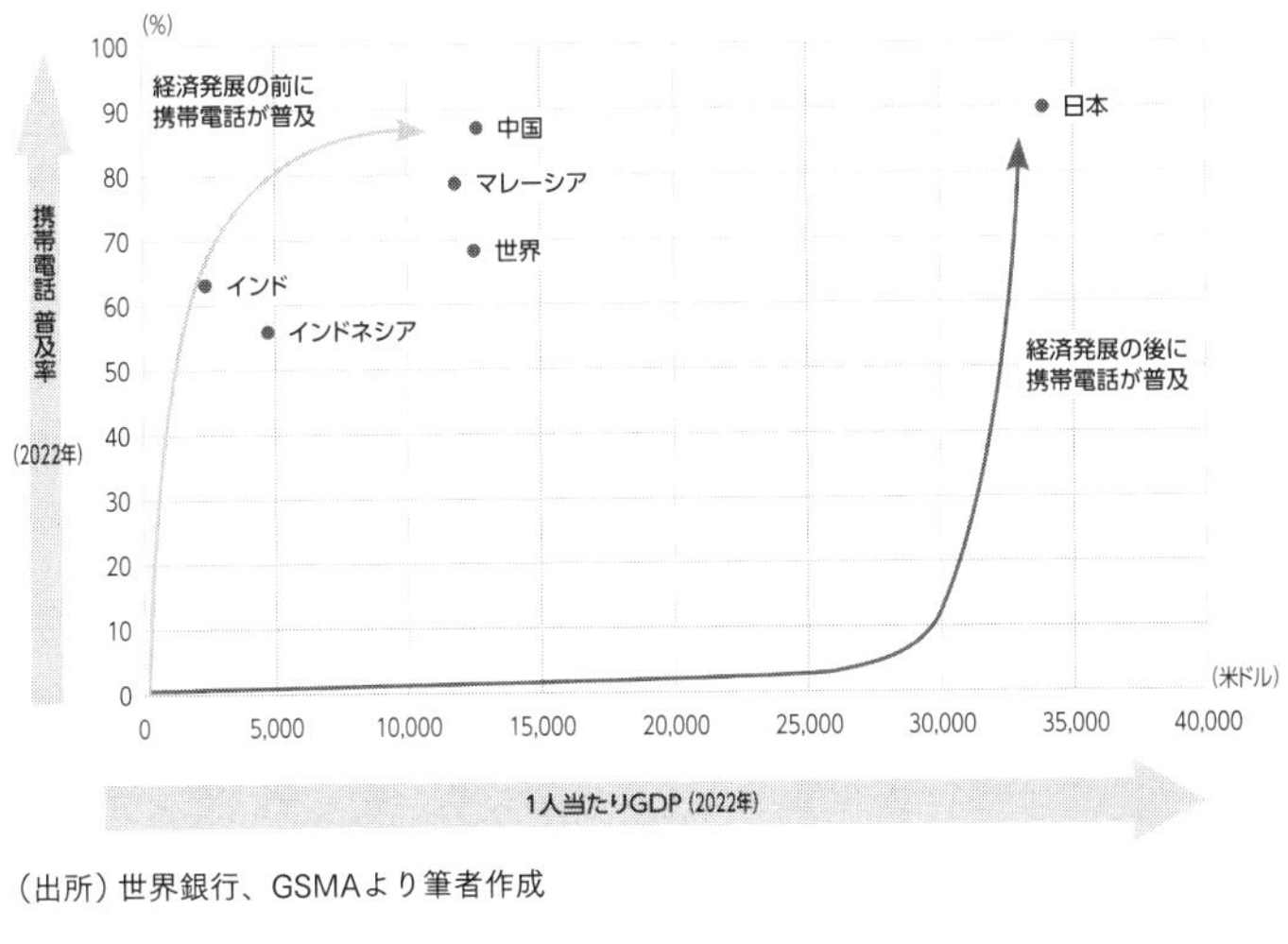

（出所）世界銀行、GSMAより筆者作成

米ドルで、携帯電話の普及率（ユニークユーザー）は89％である。日本でスマートフォンが普及し始めたのは1人当たりGDPが頭打ちとなって久しい2010年代である。つまり、デジタル活用の環境が整うずっと前から、従来型の発展の階段を一段一段上り、その過程でレガシーを積み上げ、加えて人間の努力によって効率性や利便性を最大限に引き上げてきたのが日本であると言える。

一方、インドは1人当たりGDPが2400米ドル、携帯電話の普及率は63％であり、インドネシアはそれぞれ4800米ドル、56％である。早くから発展したマレーシアは1万2000米ドル、78％である。アジア新興国の多くは経済発展を迎える段階にありながら、すでに携帯電話、スマートフォンがかなりの程度普及している。

こうした状況において、社会課題の解決などに取り組もうとすれば、スマートフォンを念頭にデジタルの力を活用したくなるのは極めて自然なことである。新興国においては、固定電話回線が行きわたる前に携帯電話が一気に普及したことを典型例として、特にデジタル領域ではリープフロッグ現象が起きやすいと言われる。ただ、これをリープフロッグと捉えるのは日本のような先進国の見方であり、各種の物理的なインフラが脆弱な新興国からすれば、デジタルの力を最大限活用する方が経済合理性に叶い、問題解決にも早道というだけのことでもある。

デジタル活用では日本とアジア新興国の共通点にこそ着目

アジア新興国においてデジタル活用で利便性が足早に向上した典型的な事例は二輪車を含むタクシーである。従来はいわゆるぼったくりや故意の遠回りなどが数多くあり、利用する前にドライバーとの価格交渉や所要時間、ルートの確認が不可欠であった（四輪車タクシーにはメーターがあっても意味をなさないことも少なくなかった）。

ドライバーの教育も有効性が低く、利用者にとっては極めて不便なサービスであった。しかし、この課題解決に商機を見出したスタートアップがＡＩによりドライバーと利用者をマッチングするスマートフォンのアプリを開発。事前に価格、時間、ルートを提示したことから使い勝手が急速によくなり、さらにドライバーと利用者を相互に事後採点するシステムを導入したことで、ドライバーと利用者の接客・乗車態度も目に見えて改善した。

日本との違いがわかりやすいものの1つが金融関連のサービスである。日本においては、ほとんどの消費者が銀行などの金融機関に口座を持っているのが前提でサービスが組み立てられてきた。また、消費者と金融機関の接点は物理的な支店が主体の時代から始まり、ＡＴＭの利用、パソコン経由のインターネットバンキングを経て、スマートフォンによるモバイルバンキングの時代に段階を追って移行してきた。

日本の金融機関は過去のレガシーを抱えつつも、モバイルバンキングによる消費者サービスの強化に乗り出しているが、アジア新興国では最初からモバイルバンキングが主要な接点となっている消費者が多く、関連サービス自体もスマートフォンを起点にした発想が中心にある。そもそも新興国では、金融機関に口座を持っていないか休眠口座のようになっている一方で、スマートフォンを持ち、モバイルペイメントやオンラインサービスを使いこなしているという消費者も少なくない。スマートフォンでのサービスの利用履歴（データ）から与信が可能となることで、金融機関の利用履歴がほとんどないような個人へのサービスを充実させるという点で、日本よりもアジア新興国の方が進んでいる面もある。

そのほか、東南アジア、南西アジアではスタートアップを中心に多くのプレイヤーが、農業、教育、医療など、さまざまな領域でデジタル活用による課題解決、効率化や利便性の向上に取り組んでいる。確かに日本と新興国では発展段階が違い、ビジネスに影響を与える各種の条件は異なる。しかし、俯瞰的に捉えれば共通点も見えてくるし、新興国の例から示唆を得ることは可能である。

日本は急速な高齢化と人口減少が進むからこそ、デジタルやテクノロジーの力を積極的に活用し、可能な限り人間の労働力に依存しないようなソリューションを必要としている。新興国では人口は増加しているが、人間がやることで物事が効率的に進まなかったり、人によって判断や対応に大きな差が生じたりすることが多いため、デジタルを活用して人間が介在する余地を減らしている例が多々ある（先述のタクシーの例もその1つである）。起点は違うが、両者は人間に過度な期待や負担をかけないという点で共通する。こうした視点を持てれば、日本企業がアジアのビジネスの現場から得られる発見や学びは増えるだろう。

また、新興国は総じて日本よりも規制が緩く、デジタルを活用した新規性の高いサービスやビジネスモデルを導入する際のハードルは低い。こうした環境を活かし、地場の企業やスタートアップと連携しながら新しいビジネスの可能性を実証してみることは日本企業にも可能であろう。日本は規制が多く新興国とは同じことはできないと内向き志向で考えるより、新興国だからこそできる新しい取り組みを現地のパートナーとともに見つけ、ビジネスを共創していくような前向きな姿勢を持ちたい。これはアジア新興国のダイナミズムの取り込みの新しい形でもある。

column

DXで生き残りを図るパパママショップ

日本においては経済発展の過程でほぼ消滅したが、アジア新興国ではデジタルの力で存在価値を見直され、生き残る余地を見出しているリアルな存在がある。家族・個人経営の小規模小売店、いわゆるパパママショップである。コンビニエンスストアに取って代わられた日本と違い、アジア新興国ではいまだに街のそこかしこに存在し、食料品や調味料、日用品などを販売、人々の日常生活に溶け込んでいる。インドではキラナ、インドネシアではワルンと呼ばれ、それぞれ全土で1000万、300万以上の店舗が存在するとされる。

伝統小売りと呼ばれるパパママショップでは、店主は業務に必要な情報を紙に記録し、処理してきた。その業務の非効率性に改善の余地を見出したEコマースプレイヤーや卸業者、専業のスタートアップなどが商品管理、受発注、支払いなどを簡便に行えるスマートフォンのアプリを提供している。アプリを通じて得られたデータを活用し、店主に貸付などのファイナンスサービスを行うこともできる。また、地域に根付いた消費者接点としてのパパママショップの価値は高い。Eコマースプレイヤーや食品、日用品のオンラインデリバリーサービスを提供するプレイヤーは、消費者アクセス向上のため、パパママショップを商品の提供・配送拠点網に組み入れている。

ここにはパパママショップという昔からある存在がデジタルとの掛け合わせによって、一種のプラットフォームに進化しつつある絵姿が見える。今後の経済発展の中で、近代小売りであるコンビニに淘汰されるのか、それとも独自の進化を遂げて存在し続けるのか、注目である。

ビジネス機会の最大化にはアジア観のアップデートが不可欠

日本企業がアジア新興国発のビジネスモデルや着想、製品やサービスを第三国・地域に展開する場合、近隣の新興国は当然に候補となるが、日本市場も有力である。確かにグローバル市場における日本の存在感は低下するが、一定のペースで成長し続ければ、世界上位の単一市場として相応の魅力を保持できる。現状でもアジアの有力企業やスタートアップの中には日本市場に関心を持ち、水先案内人となる日本企業との連携に期待を寄せるところもある。アジアに拠点を有する日本企業は、現地の有望な企業やソリューションを発掘、目利きし、日本市場への持ち込みを探る姿勢を持つべきである。

日本やアジア以外への展開もありえる。グローバルに事業を行っている企業であれば、欧米先進国も候補となるし、中東、中南米、アフリカなどのグローバルサウスも視野に入る。グローバルサウスは総称に過ぎず、そこに含まれる国々は多様で、ビジネス関連の制度、規制も異なる。しかし、1人当たりGDPや都市化率といった指標で見れば同じような発展段階にある国が多く、非効率な農業、不安定な電力供給、未整備の物流インフラ、脆弱な医療体制など、共通する社会課題は多い。日本を介さずに他地域の新興国にアジア発のソリューションを横展開するという発想は、今後ますます重要になろう。

ただ、日本企業がアジア新興国における気づきや学びを最大化するためには、これまでの認識をアップデートする必要がある。日本企業の関係者からはいまだに、「日本はアジア諸国の先生」「東南アジアは日本企業の裏庭」といった〝上から目線〟と受け取れる発言が聞かれることがある。しかし、インド、ASEAN（10カ国計）のGDPは2026年、ともに日本を上回る見通しである（国際通貨基金〈IMF〉の2023年10月時点の予測）。また、都市単位で1人当たりGDPを見ると、新興国の発展ぶりはより鮮明になる。インドネシアのジャカルタ（人口約1000万人）は約1万8000米ドルで、タイのバンコク（同1700万人）は約1万4000米ドルである（いずれも2020年）。これは日本ではバブル景気の直前から初期にあたる1985～87年と同水準である。今後、「日本が上」という意識はますます現実にそぐわなくなる。

アジア新興国の政府や企業から見て、欧米先進国や中国、韓国などが積極的に投資する中、日本や日本企業は数ある選択肢の1つに過ぎなくなっている。確かに、「日本の企業やブランド」に対する信頼感は根強い。しかし、アジアで先んじて経済発展を遂げて先進国となった日本やグローバル企業に成長した日本企業を無条件で仰ぎ見るような感覚は、もはや残っていない。

東南アジア、南西アジアは、競争環境は厳しくなる一方だが、日本企業にとってはその活力を最大限に取り込みたい地域である。そのためには現地の政府や企業をイコールパートナーと捉え、お互いに学びを得るような関係性を築くことが望ましい。こうした日本企業が増えれば、日本と両地域の経済関係はより強固なものとなり、日本の「世界と組む力」の下支えとなる。そして、その基盤が日本企業にとって一層望ましいビジネス環境を創出するという好循環につながるであろう。

第3章

超高齢化社会の望ましい未来

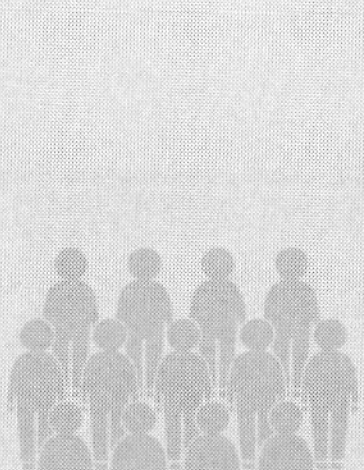

本章のpoint　少子高齢化

point 1

今後の超高齢化社会では、社会保障費の増加が国民の負担拡大につながることが予想される。しかし、高齢化や人口減少は必ずしも経済成長率の低下につながるとは限らない。

point 2

近年の日本の経済成長率低迷は、デフレ下で企業や労働者が経済の先行きに悲観的となったことによる投資不足が原因である。足元ではそのデフレもインフレにかわりつつある。

point 3

日本企業と労働者がアニマル・スピリッツを発揮して、無形資産投資を増加させれば持続的な経済成長は可能であり、日本が超高齢化社会を乗り切る必要条件となる。

日本では少子化と高齢化が同時進行する中で人口減少が急速なペースで進むと見込まれている。高齢化は労働投入の減少を通じて経済成長の低下にもつながりうる上、日本経済は1人当たりの資本が少なく、他の先進国に対してハンデを背負っている状態にある。しかし、30年ぶりの賃上げの実現が動き出した中、労働者がさらなる賃上げを目指して自己投資を行い、そうした労働者が自由に躍動できる組織・ブランドなどの無形資産を企業が増加させていくことにより、日本経済が持続的に成長できる余地が見出せるであろう。以下では、超高齢化社会の望ましい未来について検討していく。

過去とすでに起こった未来

先進国の中でも低成長であった日本

今後の日本経済を考える前にまず過去の先進国の経済成長率を振り返っておこう。2000〜

２０１９年における先進国40カ国・地域の平均成長率を見たのが図表3-1、図表3-2である。この中で日本は図表3-1の名目成長率は最も低く、図表3-2の実質成長率も下から5番目に位置している。この間の日本の名目成長率は０・２％増とほぼゼロであった。下位から2位のギリシャは、２００９年以降、財政危機に見舞われたが、それでもこの間の成長率は平均１・４％増となっており、日本とは1％ポイント以上の差がついている。また、実質で見ると日本は０・７％増であり、下位から5番目となっている。一部には、「先進国は経済が成熟しているので、経済成長率が低下していく」といった見方がある。しかし、ここに上げた40カ国・地域を見ると、名目成長率３％を上回るのが31カ国・地域、実質成長率２％を上回るのが22カ国・地域となっており、先進国と言えども名目３％・実質２％程度の経済成長を遂げることが決して不可能ではないことがわかるだろう。

高齢化が進む日本の人口

経営学者のピーター・ドラッカーは、将来の人口動態は、過去の出生率等によってほぼ決定され、予想がしやすいため、人口動態は「すでに起こった未来」であると述べている。こうした点

図表3-1 | 先進各国・地域における名目経済成長率（2000～2019年）

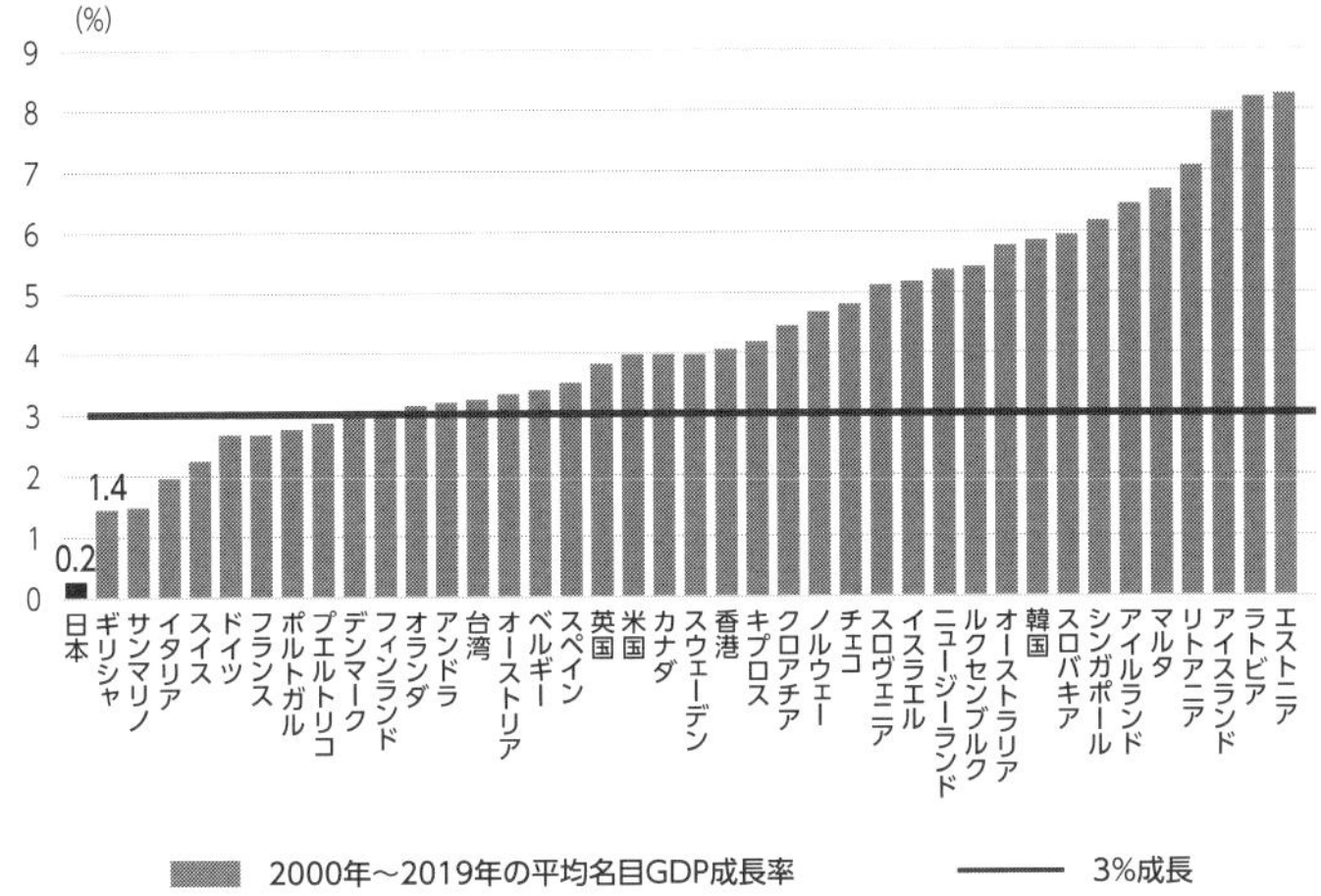

（出所）IMF「世界経済見通し（2023年4月）」より筆者作成

図表3-2 | 先進各国・地域における実質経済成長率（2000～2019年）

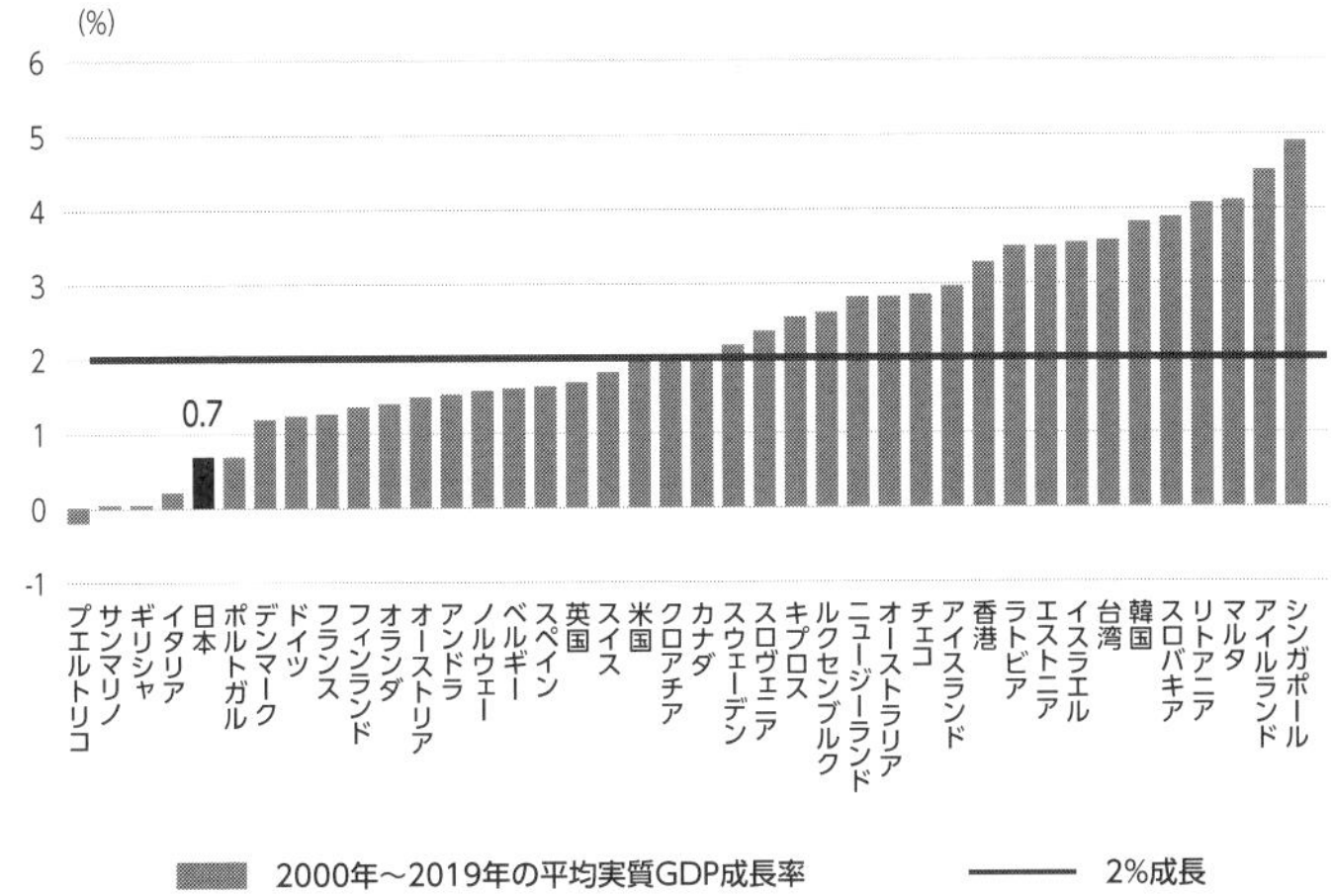

（出所）IMF「世界経済見通し（2023年4月）」より筆者作成

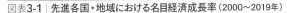

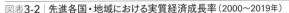

を念頭に、**図表3-3**で日本の人口動態を改めて確認しておこう。日本の人口は、１９２０年（大正９年）に約５６００万人から、戦後の高度成長期の「いざなぎ景気」（１９６５年11月〜１９７０年７月）の真っ只中の１９６７年に1億人を突破した。その後も人口は増加を続け、２０１０年に1億２８０６万人でピークを迎えた。２０１０年以降の人口は減少に転じ、２０９５年には再び約５６００万人となる見込みである。１９２０年から２０１０年まで90年をかけて2倍以上となり、そこからほぼ同じ85年をかけて半減する見込みとなっている。人口規模としては昔に戻るが、人口全体に占める65歳以上人口の割合である高齢化率は大きく上昇する。高

図表**3-3**｜**日本の人口・高齢化率の推移**

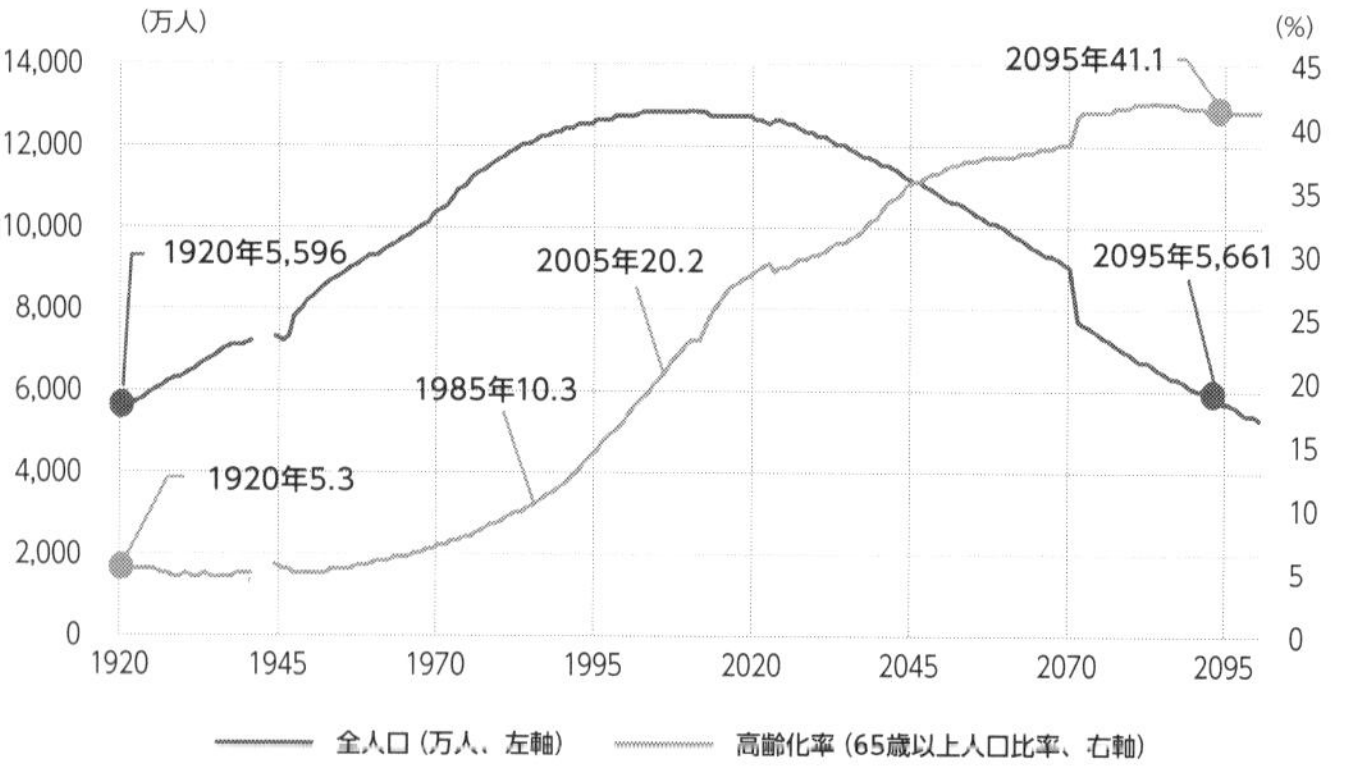

（注）見通しは、国立社会保障・人口問題研究所「日本の将来推計人口」（出生中位〈死亡中位〉推計〈令和5年推計〉）」

（出所）総務省「国勢調査報告」、国立社会保障・人口問題研究所「日本の将来推計人口」より筆者作成

齢化率は、統計で最も遡れる1920年には5%であったが、1985年に10%を突破し、20年後の2005年に20%を超えた。今後はそこから25年後の2030年に3割を突破し、40年後の2071年には4割を突破する見込みとなっている。

高齢化率が2割から3割となる欧米、それを追い抜いていく韓国・中国

続いて**図表3-4**で日・中・韓と欧米各国の高齢化率を見ると、足元の2割前後から、徐々に3割強の水準まで上昇していく見通しである。韓国と中国は足元では2割以下であるものの、欧米各国よりも早いペースで高齢化が

図表3-4 各国の高齢化率(65歳以上人口の割合)の推移

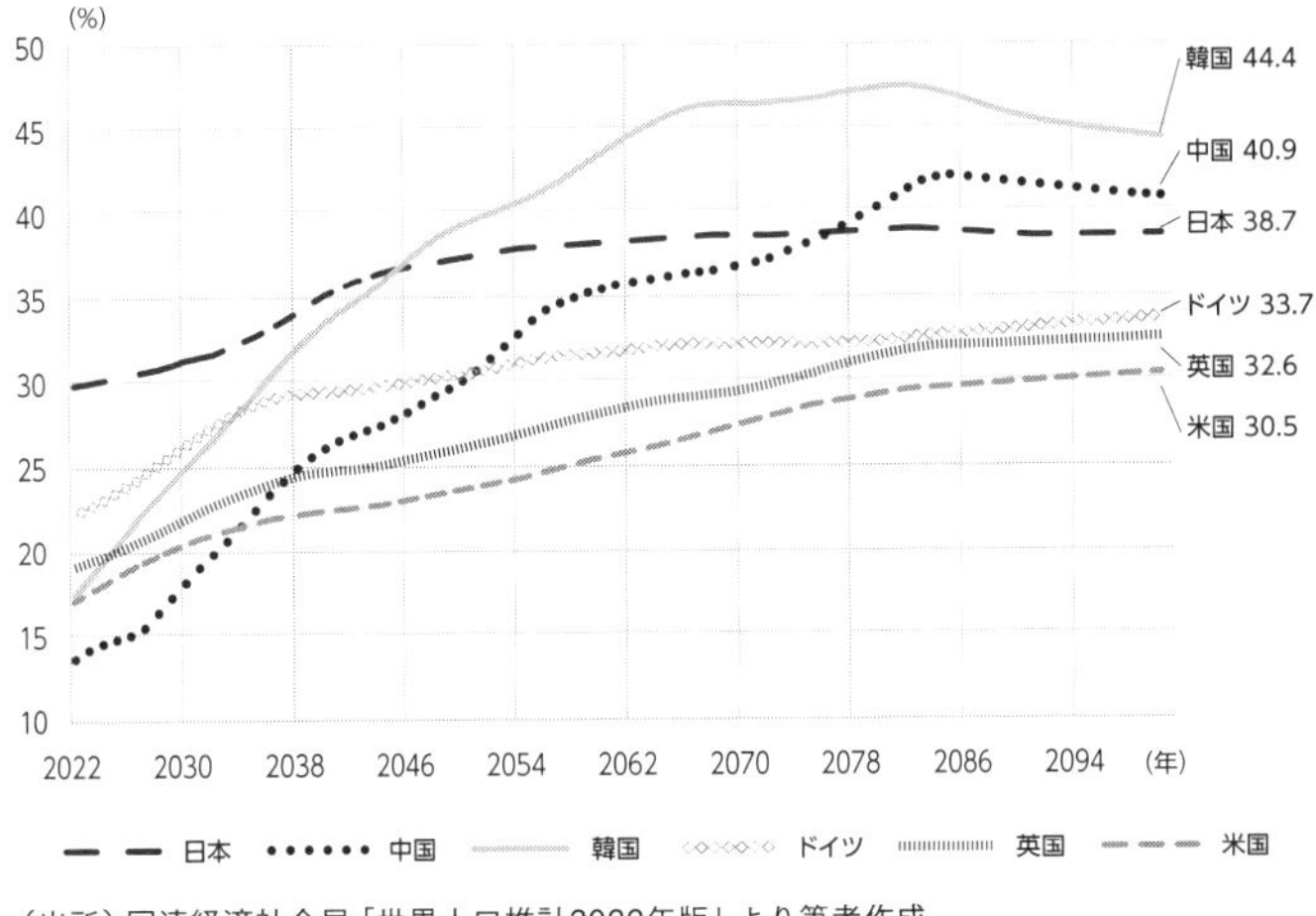

(出所)国連経済社会局「世界人口推計2022年版」より筆者作成

進展する見通しだ。今後、高齢化の進展は日本だけではなく、各国が直面する課題となる。高齢化が進展する中で日本が名目3％・実質2％程度の経済成長を遂げることができれば、各国の模範となりうるだろう。

以上をまとめると、過去20年の日本の経済成長率が先進国の中で最も低いという「後門の狼」、先行きは人口高齢化率が最も進むという「前門の虎」に挟まれ、日本経済について悲観的な見方が広がりやすい状況にあると言える。「前門の虎」である将来の人口減少について言えば、例えば人口が減少している都市において、駅前の商店街で閉店が相次いでシャッター街となっている様子を見ると、人口減少によって経済成長率は低下する、との見方に傾くかもしれない。しかし、以下で見るように、こうした見方は妥当ではない。

人口減少・高齢化と経済成長

図表3-5は縦軸に経済成長率を取り、横軸には人口成長率を取っている。グラフの分布はほぼ

水平になっており、人口によって経済成長率が変化する、という関係は見られない。**図表3-6**は、同様に横軸に人口成長率の代わりに高齢化率をとっているが、同じく水平となっている。つまり、こうした簡単な比較からも人口減少や高齢化が進むからといって成長率が低下するわけではないということがわかる。ここでは世界193カ国・地域を一度に取り上げているため、所得水準が高く、高齢化が進んだ国・地域では関係が変化するのではないか、との見方もありえよう。そこで、**図表3-5**では2022年時点の1人当たり所得が1万米ドル以上、人口成長率が3％以下、**図表3-6**では同様に1人当たり所得が1万米ドル以上、高齢化率が10％以上の国・地域もあわせて示している。こうした国々でもやはり人口成長率の低下や高齢化の進展が経済成長の低下につながっていないという傾向が確認できる。それでは、経済成長率は人口・高齢化以外のどのような要素で決まるのであろうか。

図表3-5 ｜人口成長率と経済成長率

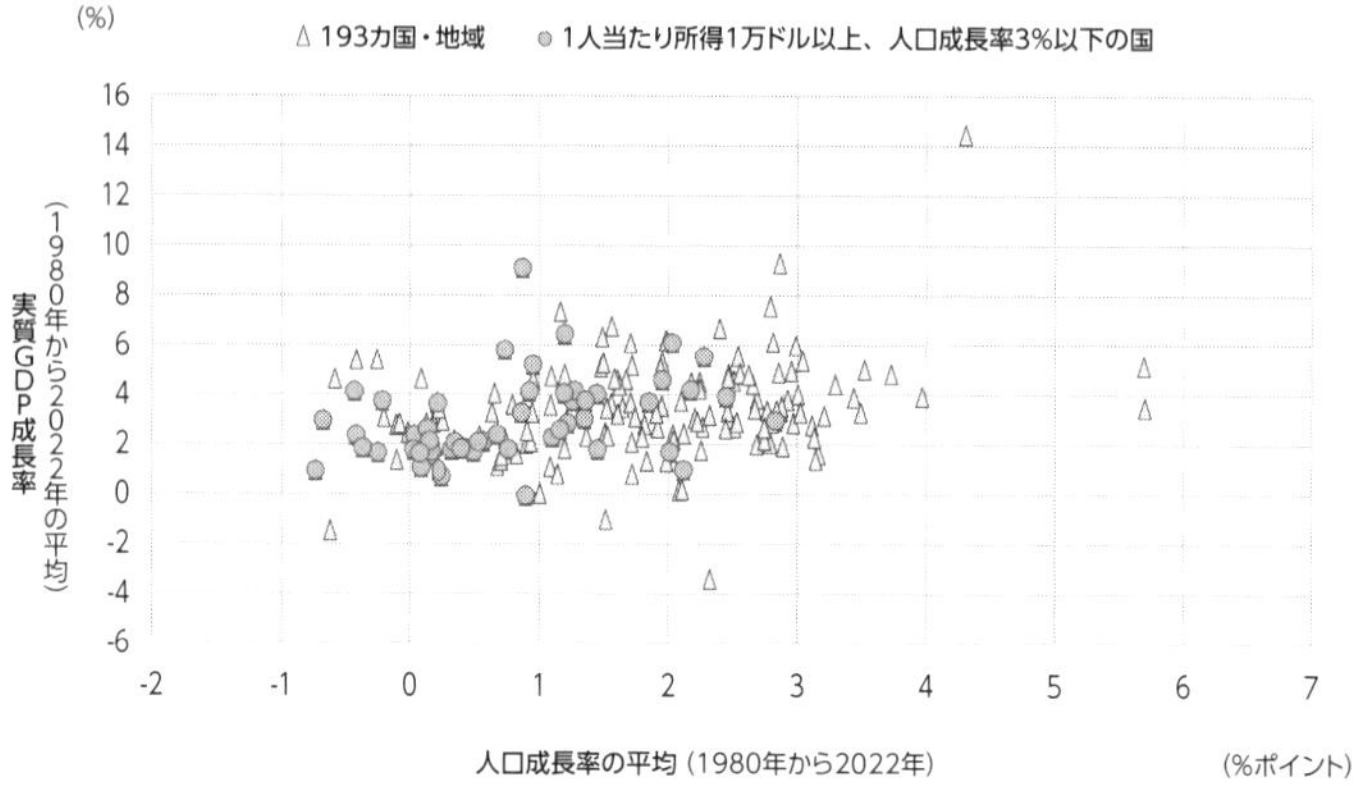

（出所）国連経済社会局「世界人口推計2022年版」、IMF「世界経済見通し（2023年4月）」より筆者作成

図表3-6 ｜高齢化と経済成長率

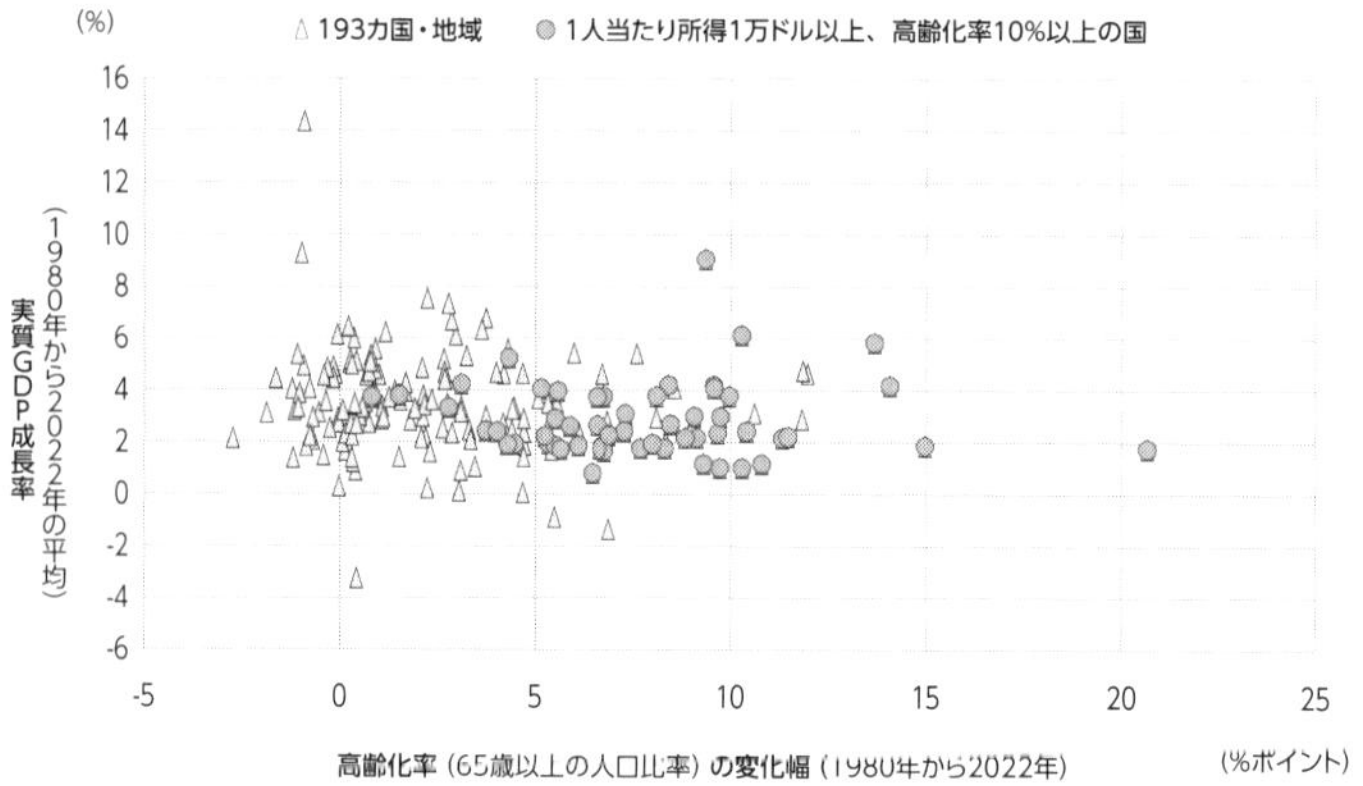

（出所）国連経済社会局「世界人口推計2022年版」、IMF「世界経済見通し（2023年4月）」より筆者作成

成長の3要素：労働・資本・生産性

この点を具体的に見るため、過去の各国の経済成長率を要因分解してみよう。経済成長の要因には、労働力の増加、設備投資による資本の増加、それら労働や資本からどれだけ効率的に付加価値を生み出せるかを示す生産性（全要素生産性〈TFP：Total Factor Productivity〉）の向上の3つがある。そこで、日本、米国、英国、ドイツの経済成長率を、労働・資本・TFPの3つに分けてみたのが図表3-7である。

日本のGDPの伸びは0・53％増とその低さが顕著であり、そのうち、労働が0・01％ポイント減、資本が0・37ポイント増、TFPが0・17ポイント増となっている。労働を見ると、就業者数が増加したものの、労働時間の減少が相殺し、ほぼゼロになっている。資本の伸びは、0・37ポイント増となっており、ドイツの0・54ポイント増よりも低く、英国0・87ポイント増、米国の1・05ポイント増の3分の1程度に留まっている。また、日本のTFPは0・2ポイント増であり、英国の0・4ポイント増の半分、ドイツ0・7ポイント増や米国0・8ポイント増の4分の1程度に留まっている。日本は、労働や資本の投入量が低いだけでなく、生産性の伸びも低い水準となっている。

次に日本に絞って1983年まで遡って成長率の要因を見たのが**図表3-8**である。

1980年代には資本の伸びが非常に大きかったが、その後大幅に減速している。ここでは労働の増加を、就業者数の増加と労働時間の増加とに分解している。

先ほど見たように、日本の人口は2010年から減少している。人口減少は、労働時間の減少・就業者の減少を通じて経済成長率の押し下げ要因となる。

図表3-7 | **各国の経済成長率の分解（1997～2020年）**

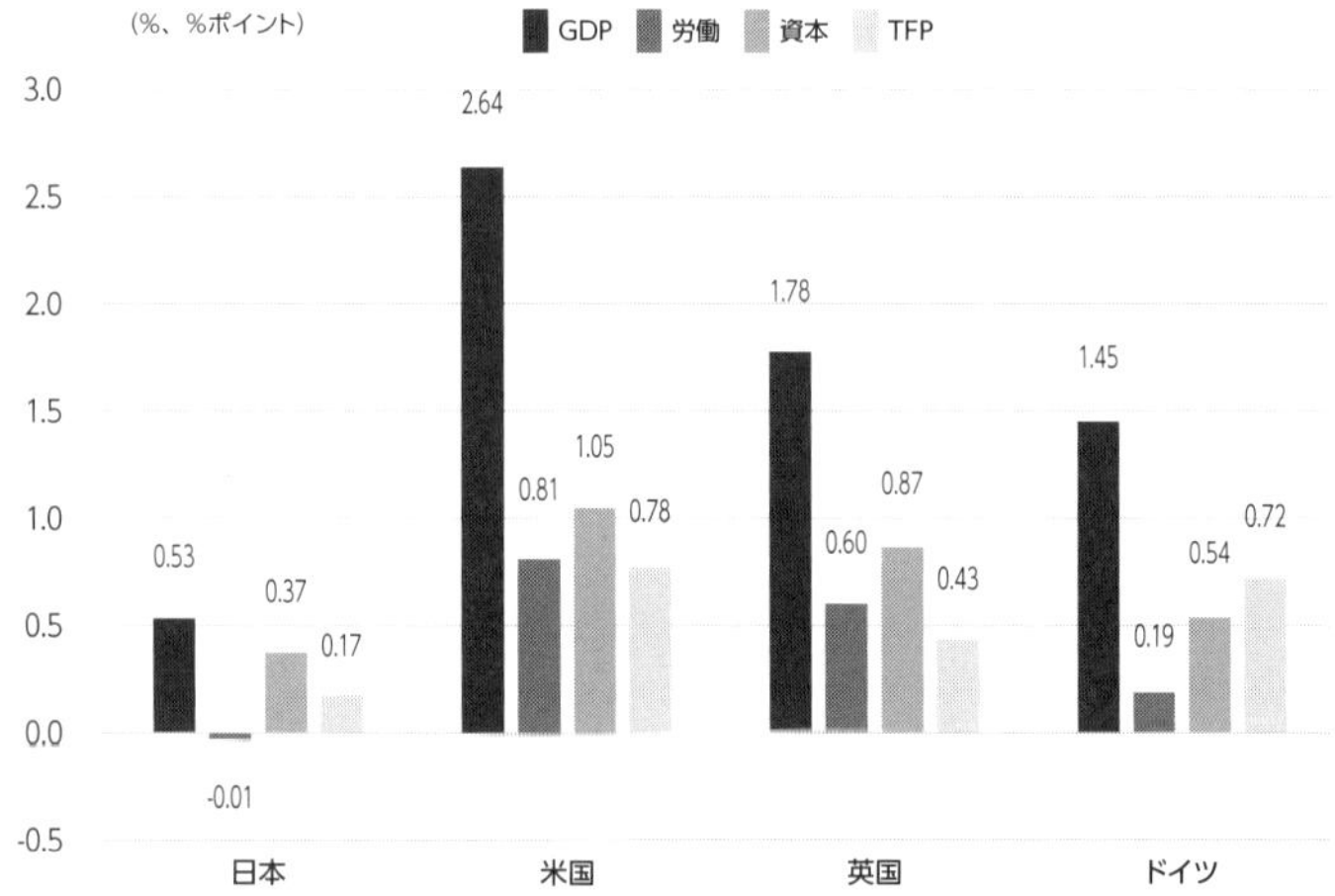

（出所）EU KLEMS & INTANProd Release 2023より筆者作成

日本の人口は、２０１２年の１億２７５２万人から、２０２２年には１億２４６３万人まで２８９万人減少した。しかし、就業者数は、２０１２年の６２８０万人から２０２２年の６７２３万人へと４４３万人の増加となっている。この結果、２０１３年度から２０２２年度の間に就業者の増加は累積で＋３・６ポイント経済成長率を押し上げた。これはアベノミクスの大胆な金融緩和によって、過度な円高・株安が修正され、企業の生産活動が活発となって、企業が採用活動を強めた結果であろう。

なお、この期間の労働時間は累積で−３・９ポイント経済成長率を押し下げている。これは、女性や高齢者の就業といった短時間労

図表3-8 潜在成長率の要因分解

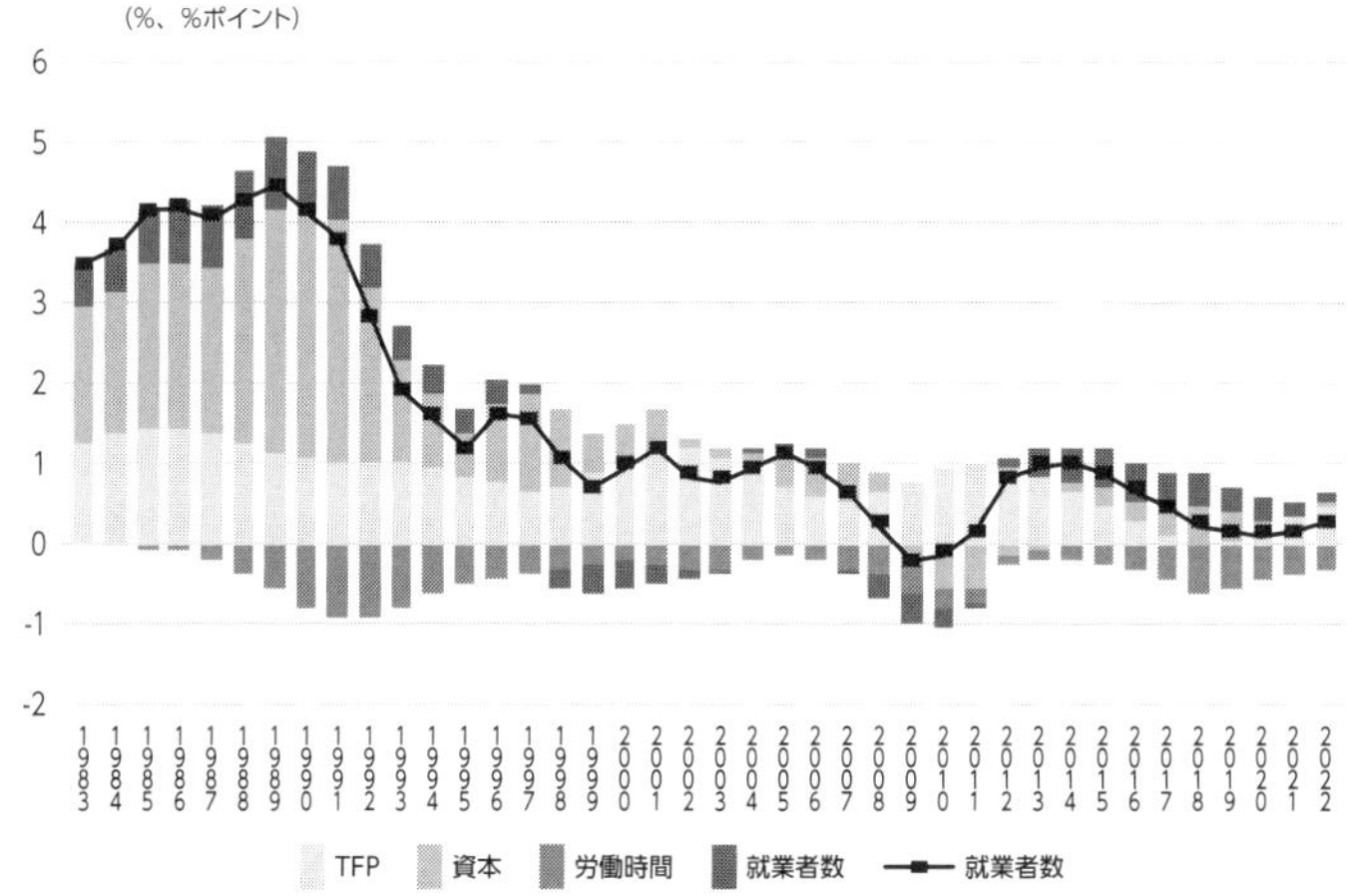

(出所) 日本銀行「需給ギャップと潜在成長率」より筆者作成

働者が増加したことや、働き方改革の進展も影響している。また、高齢者の増加の背景には、日本の平均寿命・健康寿命の長さも影響している。健康寿命とは、自律的に活動できる年齢である。日本は男女ともにこの健康寿命がG7各国の中で最も長く（**図表3-9**）、これが高齢者の就業率が高まる背景にある。今後、追加的な女性や高齢者の労働者数増加余地は限定的となると見られるものの、人口減少が必ずしも成長率の押し下げ要因とはならないことの1つの事例と言えよう。

　経済成長率を押し上げる労働、資本、生産性のうち、労働の伸びが限定的であるとすると、残るのは資本と生産性である。まず、生産性について見ていこう。**図表3-10**の点線で

図表**3-9** | **G7の平均寿命と健康寿命**

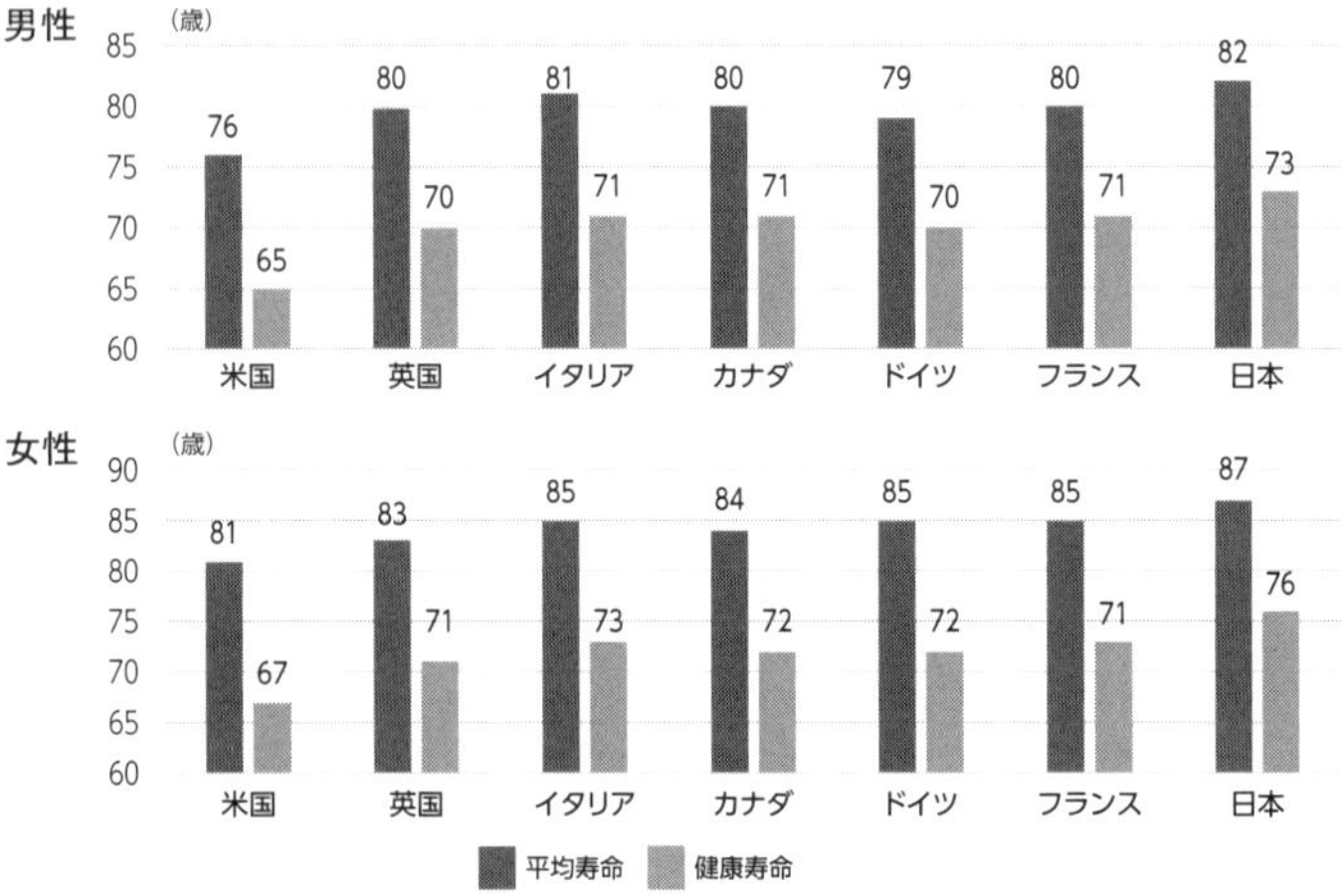

（出所）Global Health Observatory（GHO）より筆者作成

示した雇用者1人当たりの労働生産性を見ると、1995年を100として2021年には93・7と6％程度減少している。労働生産性に連動するとされる賃金も、同様に2021年には96・5と、3・5％の減少となっている。一方、先ほど見たように2013年以降は、女性や高齢者といった短時間労働者が増加している。この影響を除いて考えるため、実線で時間当たりの生産性を見ると、同様に2021年で108・5、時給では111・8と、1995年よりも1割前後増加していることがわかる。このように、近年の日本でもすでに生産性の改善が見られる。

また、**図表3-10**からはもう1つのことがわ

図表**3-10**｜**生産性と賃金の推移**

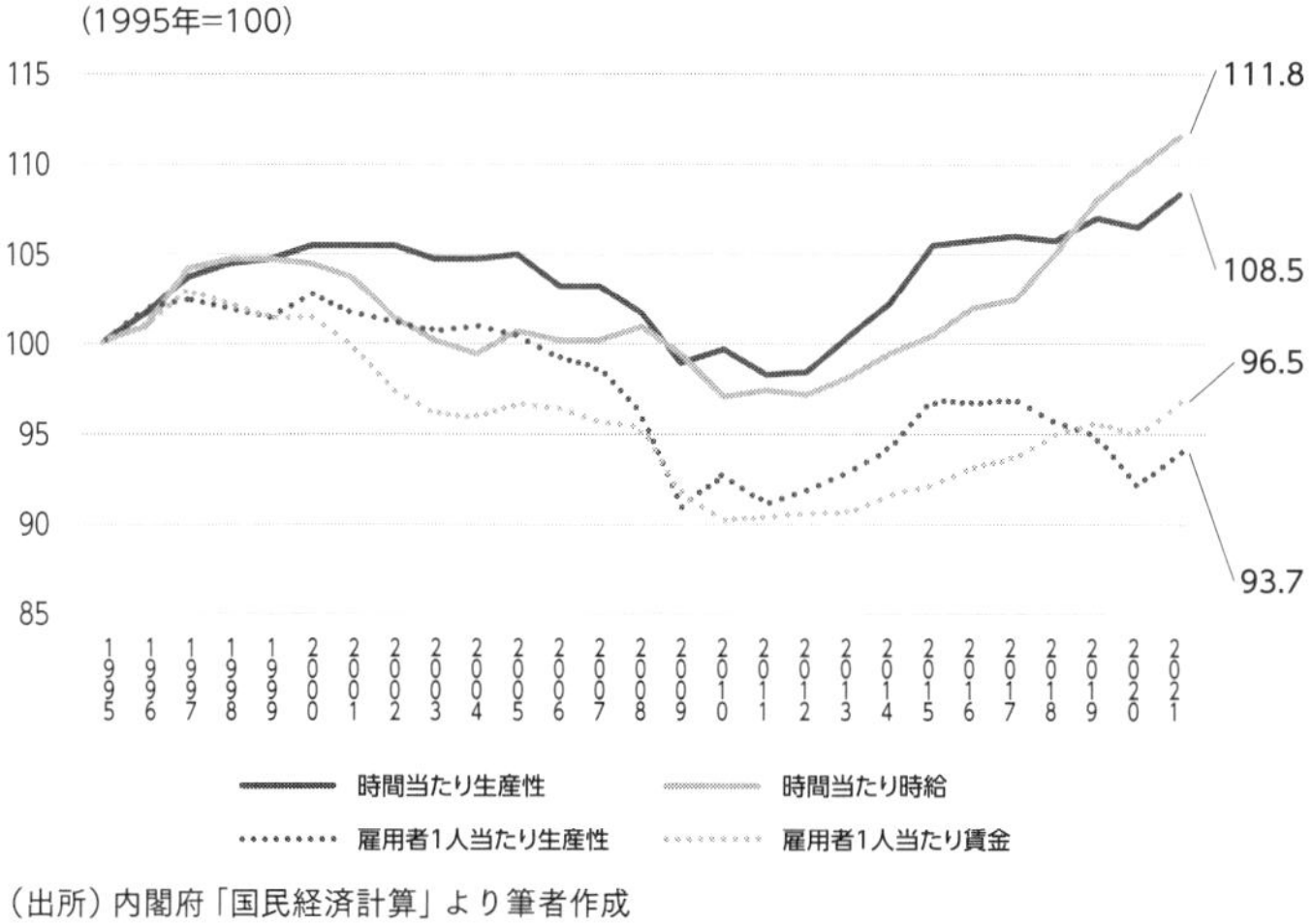

（出所）内閣府「国民経済計算」より筆者作成

かる。点線の1人当たり、実線の時間当たりのいずれで見ても、2000年頃から2018年頃まで、賃金が生産性を下回って推移している。これは企業が労働者の成果物に対して、賃金という形で十分に応えてこなかったことを示唆している。1990年代後半以降は、景気後退や内外の金融危機の影響で労働市場が冷え込んでいたために、労使双方ともに賃上げよりも雇用維持を重視していた面もあろう。デフレで売上高が伸び悩む企業は、人件費を含むコスト削減のために賃上げに消極的とならざるを得ず、また労働者の側も賃上げによる所得増加よりも雇用の維持を重視して賃金の抑制を受容せざるを得なかった面があろう。

図表3-11｜設備投資の状況

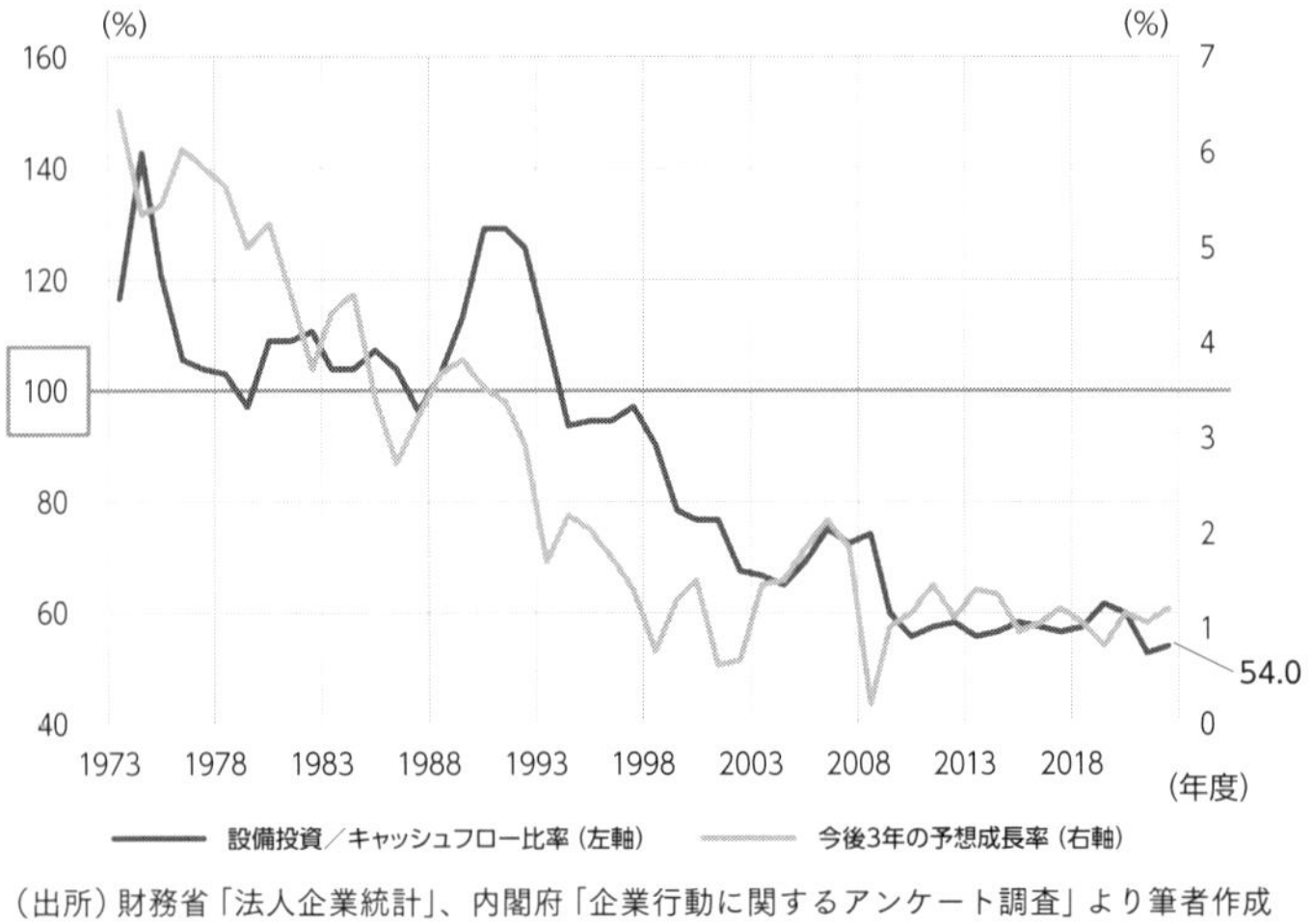

（出所）財務省「法人企業統計」、内閣府「企業行動に関するアンケート調査」より筆者作成

最後に資本と、それを生み出す設備投資の状況を見ておこう。

図表3-11には、企業が事業から獲得したキャッシュフローに対する設備投資の比率を示している。1990年代半ばまではこの値は100％を超えており、企業は事業から獲得したキャッシュフロー、内部資金以上の設備投資を実施していた。不足する分は借り入れや社債・株式発行などの外部資金を調達していたことになる。しかし、1990年代半ば以降はこの比率が低下し、足元で50％近くになっている。つまり、企業は内部資金の半分ほどしか設備投資に回していないことになる。

図表3-11には、企業の予想する3年後の経済成長見通しも合わせて示している。こちらは、設備投資／キャッシュフロー比率の低下に先駆けて、1990年頃からプラス幅の縮小に転じている。2000年代前半にやや回復したものの、2010年後からは1％前後で推移している。つまり、将来の成長予想、設備投資から得られるリターンが低下していったことから、設備投資を控えたと見られる。

設備投資には、期待したリターンが得られるかに不確実性がある。企業がこの不確実性をどう捉えるかのスタンスが、アニマル・スピリッツと表現されることがある。すなわち、企業が先行きの経済に対して、楽観的な見方と悲観的な見方を交互に持つことによって経済の変動をもたらすとされる。日本の場合は、デフレ下で企業が経済の先行きに悲観的になることで、キャッシュフロー以下の設備投資しか実施してこなかったことが経済成長率の低下に結びついたと言えるだろう。

このように設備投資が長期間低迷していた、ということは、1人の労働者が利用している資本が少ない状態となっていることが考えられる。そこで、**図表3-12**で就業者1人当たりの資本ストックの推移を見ると、1995年以降、米国は2倍以上、英国は2倍程度、ドイツは2倍弱に増加している。一方、日本の設備投資は1995年から4割しか伸びておらず、先進国の中でも低迷度合いが際立っている。日本の企業・労働者は、資本装備率が

図表**3-12**｜**1人当たり資本ストック額**

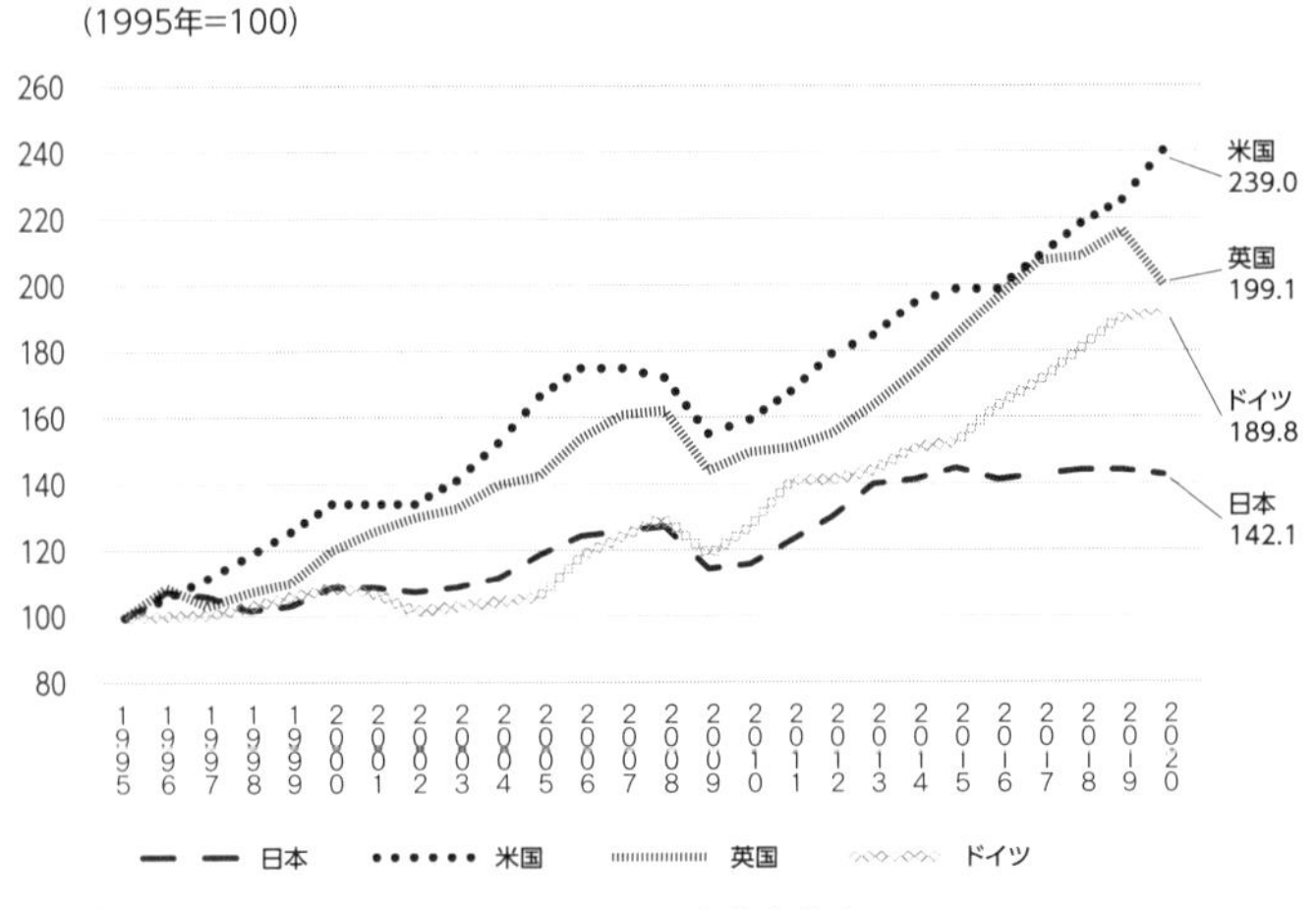

（出所）OECD.Stat, EU KLEMS & INTANProdより筆者作成

非常に低い状態となっている。

以上の議論をまとめると、海外の労働者が最先端の設備で経済活動を行っているのに対して、日本の労働者は相当なハンデを背負って経済活動に従事していることになる。見方を変えると、日本経済が低迷していた要因は資本蓄積の遅れ、投資不足にある。2023年の30年ぶりの賃上げをきっかけに、労働者と企業がアニマル・スピリッツを取り戻して資本への投資を活発化させれば、日本経済が持続的に成長する余地は極めて大きいということである。

無形資産の現状と課題

ここでカギとなる投資について掘り下げてみたい。設備投資というと自動車を製造するためのロボット・機械といったものがイメージされるかもしれない。こうした形のある資本は有形資産と呼ばれ、コンピュータのハードウェアや電気機械・製造機械等が分類される（図表3-13）。製造業が中心だった時代にはこうした有形資産が重要であったが、サービス化やデジタル化が進むにつれ、後述する無形資産の重要性が高まっている。無形資産を詳細に分析しているEU KLEMSデータベース[注1]（図表3-13）では、無形資産をコンピュータソフトウェア、研究開発などの情報化資産、著作権およびライセンスやデザインなどの革新的資産、組織改編やブランド、人的資本などの経済的競争能力の3つに分類している。経済的競争能力には、広告や市場調査などのブランド資産の構築、社員の教育や研修の実施などの人的資本、コンサルタント・サービスやM&A、事業再編など組織改編が含まれている。以下では、企業・労働者が有形資産・無形資産を増加させる行動を「投資」と呼ぶこととする。

各資産の日・米・英・ドイツの経済成長へ

図表3-13 | 資産の分類

有形／無形		
有形資産	有形資産（ICT）	コンピュータハードウェア テレコミュニケーション設備
	有形資産（非ICT）	住居 他の建物・構造物 輸送設備 他の機械設備・武器 育成生物資源
無形資産	情報化資産	コンピュータソフトウェアおよびデーターベース
	革新的資産	研究開発（R & D）、他の製品開発 著作権およびライセンス デザイン（機械設計、建築設計） 新金融商品
	経済的競争能力	ブランド資産（広告、市場調査） 人的資本（社員教育・研修の実施、実施に必要な人材導入） 組織改編（コンサルタントサービスの導入、経営管理にかかる取り組み）

（出所）EU KLEMS & INTANProd Release 2023より筆者作成

注1：EU KLEMSは、オランダのグローニンゲン大学の成長・開発センター（GGDC）が中心となって構築された。産業レベルにおける産出、投入（資本、労働、エネルギー、原材料、サービス）および生産性の国際比較のためのデータベースである。

の寄与を見たのが図表3-14である。スマホやPCなどのハードウェアを含む有形資産（ICT）による寄与は、日本では0・05ポイント増と、米国の0・11ポイント増には劣るものの、ほぼゼロの英国やドイツには上回っている。しかし、ソフトウェアなどを含む無形資産の経済成長率への寄与は、米国は0・27ポイント増、英国0・18ポイント増、ドイツで0・17ポイント増となっている一方、日本は0・04ポイント増に留まり、最も低いドイツの0・17ポイント増の4分の1以下である。例えれば、スマホなどのデジタル・デバイスなどを複数台保有しているものの、ソフトなどの面でそれを有効活用できていないというイメージである。また、日本の有形資産（非

図表3-14 | 有形資産（ICT・非ICT）、無形資産の経済成長率への寄与（2011〜2020年平均）

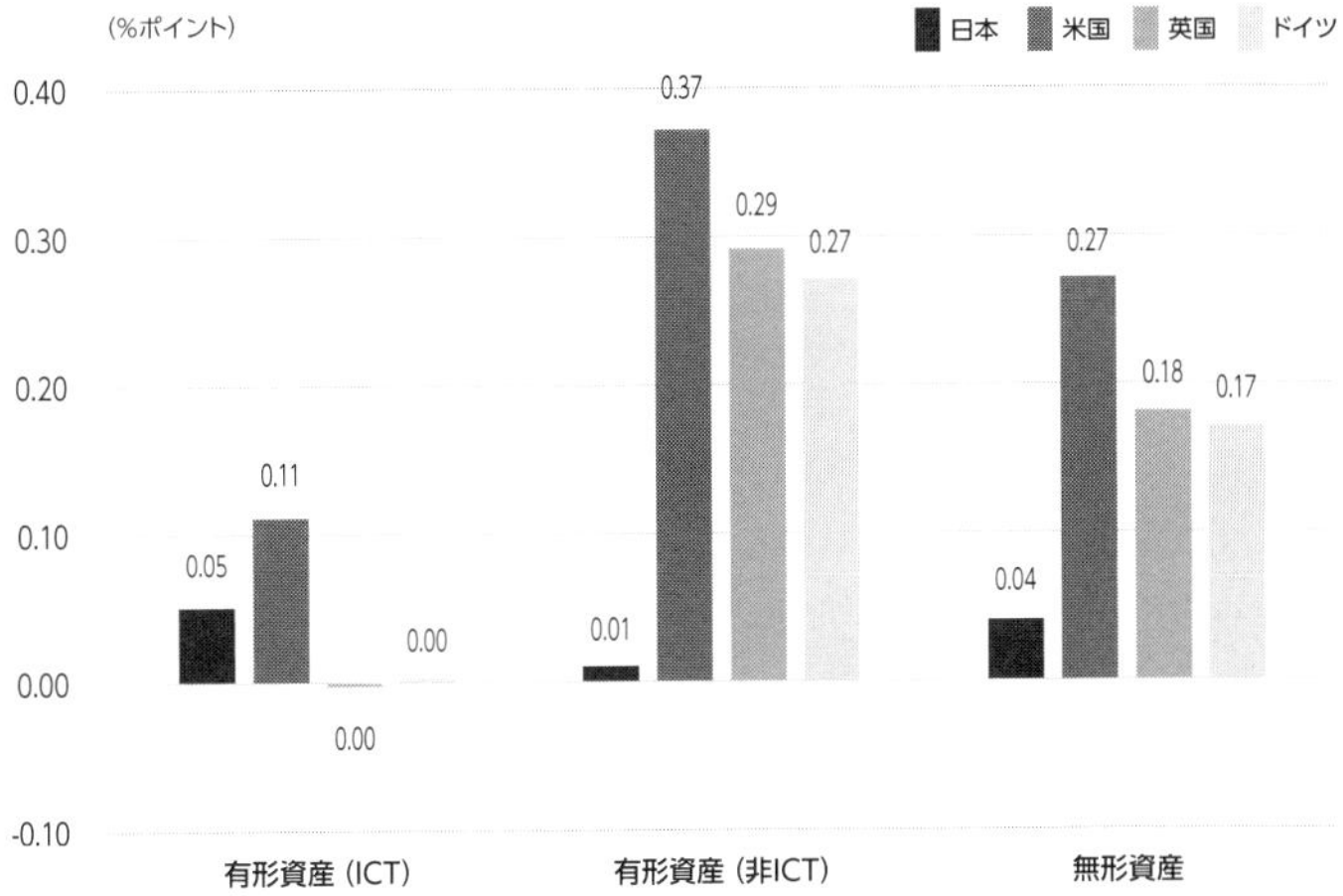

（出所）EU KLEMS & INTANProd Release 2023より筆者作成

図表3-15｜無形資産の残高（GDP比）

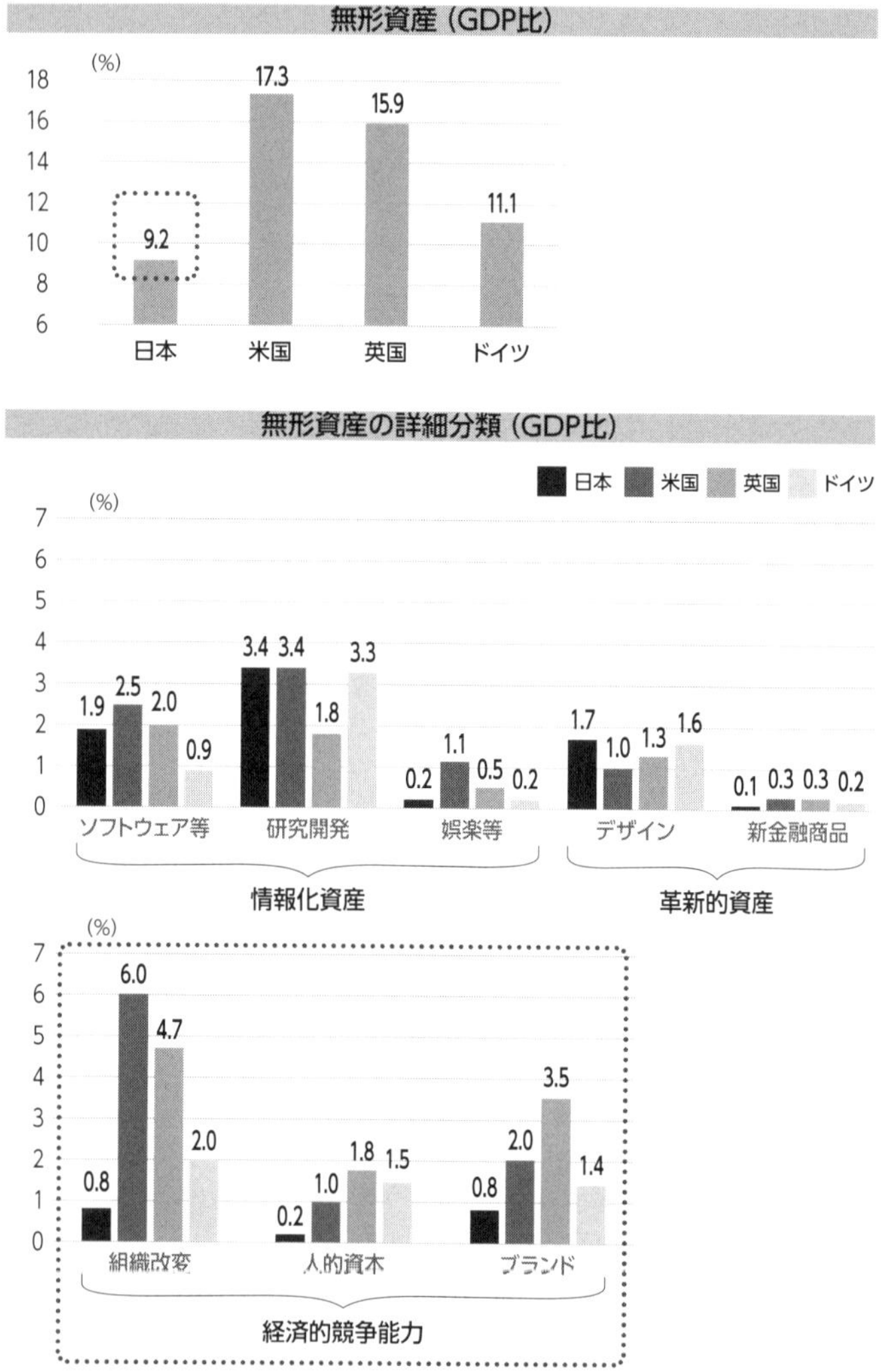

（出所）EU KLEMS & INTANProd Release 2023より筆者作成

ICT）の成長への寄与も、米・英・ドイツより低水準となっている。

次に無形資産残高（GDP比）の規模を見ると、**図表3-15**にある通り、米国が17・3％、英国が15・9％、ドイツが11・1％に対して、日本は9・2％に留まっている。さらに無形資産の内訳を見ると、デザインでは日本が最も高く、研究開発も米・ドイツと同程度の高さ、ソフトウェアも米国には劣るものの英国と同程度となっている。

その一方で、右側の経済的競争力に分類される組織改編、人的資本、ブランドの分野では、日本の資本蓄積の後れが目立っている。具体的には、ブランドがドイツ1・4％に対して日本は0・8％と6割程度、組織改編がドイツ2・0％に対して0・8％と4割程度、人的資本は米国1・0％に対して0・2％と2割程度に留まっている。

内閣府の2023年の経済財政白書（「令和5年度　年次経済財政報告」）における分析によると、無形資産（情報化資産、革新的資産、経済的競争能力）の中では、経済的競争能力による経済押し上げ効果が最も大きいとされている。

上述の通り、日本は成長余地の大きい経済的競争能力の蓄積が遅れていることになるが、裏を返せばそれだけ今後の成長余地が大きく、経済成長のフロンティアが残されているとも考えられる。

労働者と企業がアニマル・スピリッツを発揮した時の経済の姿

以上の議論を踏まえて「超高齢化社会の望ましい未来」における労働者の姿を描いてみたい。キーワードは、企業と労働者がアニマル・スピリッツを発揮して無形資産を伸ばしていくことである。経済成長に貢献する無形資産のうち、経済的競争能力には、①組織再編、②人的資本、③ブランドの3つがある。この3つの資産について企業経営で語られるオープンイノベーションという切り口から、第1章で取り上げたデフレからインフレという時代の変化も踏まえて、より具体的に見ていこう（図表3-16）。

オープンイノベーションとは、自社で創出したい価値を実現するにあたり、自社の技術やリソースだけでは不足する部分を、自前で生み出すのではなく、外部連携・外部調達を活用するものである。

かつての日本企業は、クローズドイノベーションと呼ばれ、自社の人材により独自に製品やサービスの技術開発をすることを重視してきた。
1990年代後半以降のデフレ下において、企業は新たな製品やサービスを生み出すイノベーションよりも、製品やサービスの価格の値下げ・人件費を抑えるコストカットを重視してきた。

デフレで投資全体が低迷する中、特に無形資産への投資は限定的であった。企業は、安定的に業務が遂行される組織・制度を重視してきた。そこで働く労働者は学校で勉強し、卒業した後に新卒採用された企業で正規雇用従業員として定年まで勤め上げることが多かった。そこでの給与は、年功序列型賃金制度の下、仕事の成果ではなく勤続年数・年齢に応じて増加する定期昇給であった。努力や

図表3-16 凍結経済からアニマル・スピリッツの発揮された経済への移行：企業、労働者、政府・日銀

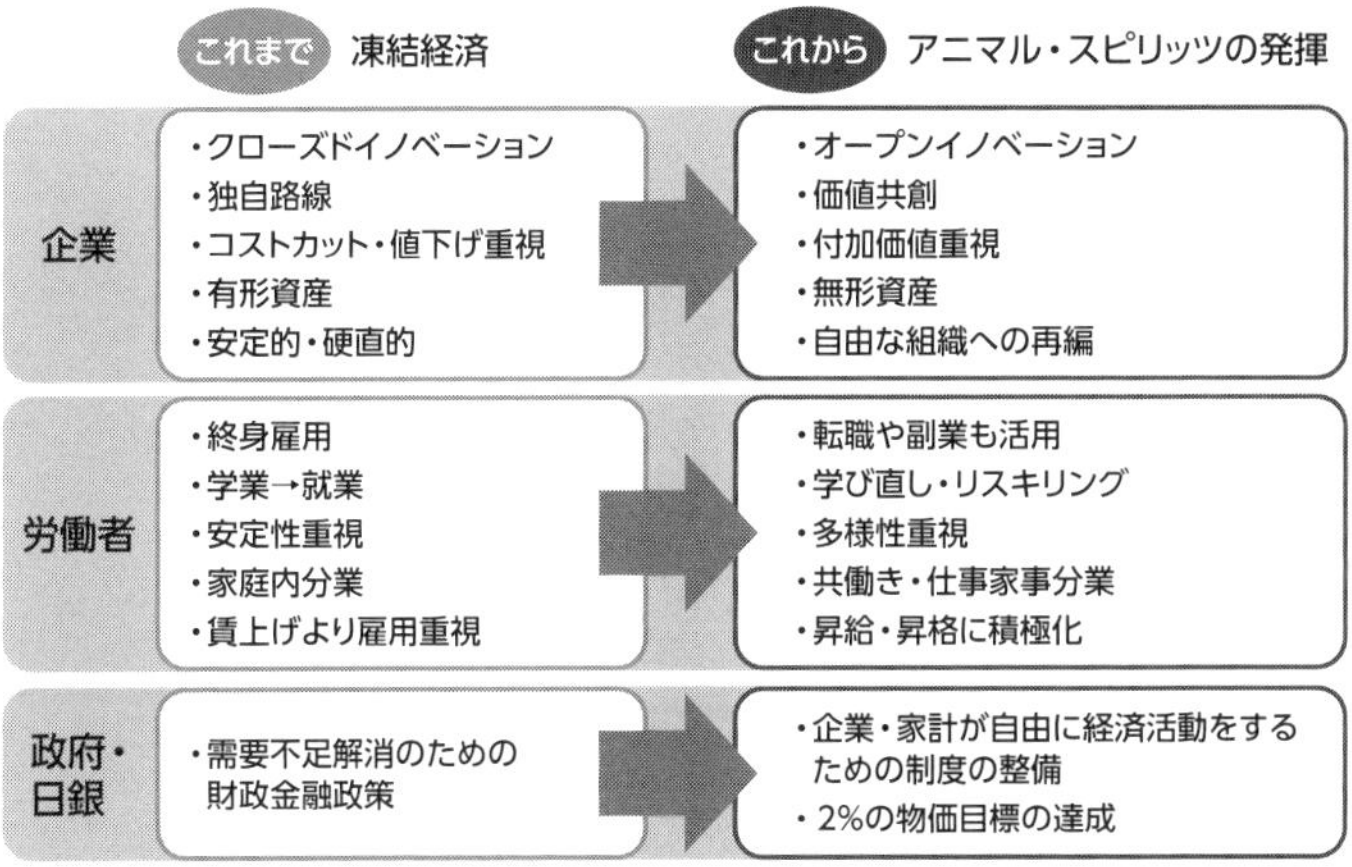

	これまで 凍結経済	これから アニマル・スピリッツの発揮
企業	・クローズドイノベーション ・独自路線 ・コストカット・値下げ重視 ・有形資産 ・安定的・硬直的	・オープンイノベーション ・価値共創 ・付加価値重視 ・無形資産 ・自由な組織への再編
労働者	・終身雇用 ・学業→就業 ・安定性重視 ・家庭内分業 ・賃上げより雇用重視	・転職や副業も活用 ・学び直し・リスキリング ・多様性重視 ・共働き・仕事家事分業 ・昇給・昇格に積極化
政府・日銀	・需要不足解消のための財政金融政策	・企業・家計が自由に経済活動をするための制度の整備 ・2%の物価目標の達成

（出所）筆者作成

業務外での学習が仕事の成果や賃金に反映される要素は弱かったため、労働者が仕事のやりがいを見出すことも困難であった。また、デフレ下では賃上げよりも雇用維持が重視されており、転職なども少なかった。

このように、デフレ下では賃金・価格が動かない、凍結したような経済、凍結経済とも呼べる状態であった。

一方、第1章で見たように、グローバルにデフレもしくはディスインフレからインフレに転じる中で、日本でも企業が大幅な値上げを実施するようになった。値上げ余地が生じたことで、従来の製品やサービスを値下げするだけではなく、新しい製品やサービスを提供する余地が広がっている。その際には自社の技術・リソースに縛られず、他社との連携を通じて新たな付加価値を生み出し、良いものを高く売り、収益率を高める余地が広まっている。

新しい製品やサービスを生み出すためには、そこで働く労働者が、自由闊達に新しいアイデアを出すことが重要となる。その実現のためには、企業の経営側が従来の年功序列の安定的な組織から、労働者にとって自由度の高い組織へと発展・再編することが重要となる。その際には研究開発等を1社に限定するのではなく、労働者も社外との連携も含めて転職や副業の機会を活用するほか、働き出した後も新たに習得したいスキルがあれば学び直す機会も増加しよう。企業はそうしたリスキリングの機会を提供することが重要となる。これが経済的競争能力の②人的資本の増加につながる。

労働者はデフレ下では失業のリスクを警戒して賃上げよりも雇用維持を重視していた。2023年の30年ぶりの賃上げをきっかけに、企業には定期昇給以上の賃上げ、仕事の成果に応じた賃上げの余地が広がっている。今後、賃上げと人的資本の増加が相乗効果を発揮すれば、労働者が昇給や昇格に積極的になる余地が生じる。企業にとっての投資と同様、労働者のリスキリングも立派な投資であり、アニマル・スピリッツの発揮である。そうした自己投資の成果を昇給や昇格といったリターンとして積極的に刈り取る、というイメージである。

企業にとっては、成果主義の賃金の導入に加えて、こうした自由な仕事形態を認めることも優秀な人材を獲得・維持するために重要となる。また、従来は男性が正規雇用で働き、女性が専業主婦といった家庭も多かったが、現在では夫婦のいる世帯では共働きの家庭が7割を超えている。また、世帯ごとの就労形態なども多様化している。核家族化も進展しているため、従来よりも育児や介護などの必要性が高まれば、個々人の働き方への影響も大きくなっている。このため、企業も勤務時間・勤務形態について、労働者のこうした事情に応じて柔軟に対応できることが求められる。企業が、労働者が働きやすい柔軟な人事や労務管理を設計・導入することは、経済的競争能力の①組織再編という無形資産の増加につながる。

また、第1章にもあるように、テクノロジーの進歩によって、従来の伝統的な企業の経営が脅かされるディスラプションと呼ばれる事象も生じる。例えば、金融の分野では伝統的な金融機関に対して、新しい技術を使ったフィンテック企業などが急激に顧客を獲得するケースがある。この場合、クローズドイノベーションに拘れば、一から自前のシステムを構築することになる。しかし、オープンイノベーションの枠組みであれば、伝統的な金融機関がフィンテック企業との連携などによって価値を共創することができる。これが従来の顧客からの信頼という経済的競争能力の③ブランドを活かす方法となる。また、企業買収を通じて、経済的競争能力の①組織再編と③ブランドの向上を実現しうる。企業買収において生じる「のれん代」（企業の買収金額が買収先企業の純資産額を上回る部分）には、買収による相乗効果などを含む企業価値の向上分が含まれており、これが充実することは企業価値の向上が実現していることの証左の1つともなる。

経済的競争能力の中で②人的資本については、日本企業でも2023年3月期以降の有価証券報告書で人材投資額や社員満足度等の情報を開示するようになり、学び直しやリスキリングの重要性が認識されるようになっている。しかし、それ以外の組織やブランドなどの無形資産の面でも日本の成長フロンティアが残されていると言えよう。

このように、無形資産への投資、組織再編・人的投資・ブランドというと、やや唐突なものと受け止められる向きがあるかもしれないが、労働者が自由闊達にアイデアを出して高い価値提供を実現し、企業は組織・人事・労務の面で労働者が働きやすい状態をつくるということである。こうした取り組みを通じて無形資産は増加していき、ひいては日本企業、日本経済の成長に資するのである。

最後に政府・日銀としては、需要不足であるデフレ下では積極的な財政金融政策により経済全体を押し上げることが重要であった。今後は、引き続き2%の物価目標達成、経済の安定に加えて、上記で見た企業や労働者の取り組みを後押しするための、企業・人事・労務などの法整備等が重要となろう。なお、2024年度(令和6年度)税制改正大綱においては、企業の無形資産への投資増加を促すために、知的財産から得られる所得に対する減税措置を盛り込んでいる。これは、無形資産から得られる所得の30%を所得控除する思い切った措置であり、こうした動きが増えていくことが望まれる。

本章では、高齢化や人口減少でも経済成長率が低下するとは限らず、日本の低成長の要因はデフレ下での投資不足であることを見てきた。また、デジタル化やサービス化が進展する経済では、無形資産、特に組織再編、人的資本、ブランドといった経済的競争能力への投資が必要である。

超高齢化社会においては、年金・医療・介護といった社会保障費のさらなる増加が予想され、それは国民の負担拡大にもつながることが容易に予想される。デフレからインフレへの時代において、日本企業と労働者がアニマル・スピリッツを発揮して、投資を増加させることで、日本経済が持続的に成長できる公算は極めて大きいのである。持続的成長の達成こそが超高齢化社会を乗り切る必要条件であることは強調しておきたい。

第4章 人間社会に溶け込むテクノロジーとのつきあい方

本章のpoint テクノロジー

point 1

これまでも人間はテクノロジーを理解して使い、共存してきた。AI やロボットなどのテクノロジーはさらに進化するため、その利用環境をよりアジャイルに整える必要がある。

point 2

日本は社会の実情に合わせてテクノロジーの実装を進める柔軟性を持つ。超高齢社会における包摂性の高いテクノロジーの活用も求められる。

point 3

日本がイノベーティブな社会となるには、テクノロジーを進化させる人間と積極的に使う人間が集まり試行錯誤する場が欠かせない。企業も同様であり、人がカギとなる。

加速度を増して発達するテクノロジーに対し、人間の社会がいかに向き合い、共存していくかは極めて重要な今日的テーマである。日本について見ると、高齢者比率が高いためテクノロジー導入が進みにくい環境にあると思われがちである。しかし実際には、テクノロジーと共存しながら、生き生きと暮らせる創造性の高い社会をつくっていくだけのポテンシャルを十分に有している。本章ではこれからの人間とテクノロジーとの関係のあり方について、日本の状況も踏まえながら論じる。

変わりゆく人間とテクノロジーの関係

「必要は発明の母」ということわざがある。人類は何か具体的な課題や制約に直面し、それを乗り越える必要性に迫られることで、新たな発明や工夫（＝ソリューションとしてのテクノロジー）を生み出す、という意味である。しかし、テクノロジーが急速に発達する現代、そして未来においては、むしろ「発明は必要の母」と捉えられるであろう。つまり、潜在的に課題解決に資するテクノロジーが先に生まれ、それによって掘り起こされる必要性と有機的に結びつき、結果的にテクノロジーの社会実装が進み、より創造性の高い社会を生み出すという未来像である。本節ではテクノロジーと人間の関係について考察する。

人間とテクノロジーが共存する時代へ

テクノロジーの歴史は、原始時代、火を使うところから始まった。土器を使うようになり、農業をはじめとする1次産業が興っていった。第1次、第2次の産業革命では、蒸気・石炭、そして電気・石油といった新たな動力源（エネルギー）を使うようになっていった。続く、コンピュータを活用した自動化が急速に進む第3次産業革命に至るまで、従来のやり方で直面した課題や制約を乗り越える必要性が高まった時に新たなテクノロジーが生まれ、人間はこれを活用してきた。人間は生産性や効率性を高めるように個々のテクノロジーに工夫と改良を加えてきた。ある意味では人間が主で、テクノロジーが追従する関係性の時代であった。

しかし、テクノロジーが発達した現代では、人間とテクノロジーの関係はより水平なものになってきている。最も代表的な例はロボットや人工知能（ＡＩ）であり、これらとの共存が進む社会が到来しつつある。ロボットは人間の能力を補い、同時にロボットが自律的に判断しながら生産活動を行ったり、人間の日常生活を便利にしたりするなど、より高度なものとなってきている。

ＡＩはこれまで、人間の社会やルールを理解することが苦手であるとされてきた。例えば、道路標識などのように人間が瞬時に認知できる当たり前の情報を、人間同様に解釈する能力を獲得するのは難しいとされてきた。しかし、ＡＩ自身が膨大なデータを自動的に反復的に学習することで、人とのギャップは埋まってきている。例えば、大規模言語モデルに裏打ちされた生成ＡＩにデータを読み込ませた結果、人との対話において、人から見ても自然で違和感のないアウトプットを出せるようになっている。いまやＡＩは人が「壁打ち」しながら考え方を整理する話し相手になっている。そして、人間に近い形でより自律的に思考、判断する汎用ＡＩの開発についても、その論点は実現するかどうかではなく、いつ実現するかに移っている。将来的には、オンラインなどで姿が見えない状態で会話していた相手は実はＡＩであったというようなことが日常茶飯事になるなど、ＡＩはいま以上に自然な存在として人間の生活に入り込んでくるだろう。

このように人間が日常的にロボットやＡＩと共存する世界においては、人間とテクノロジーの存在が調和する「いい塩梅」の社会をつくることが重要になる。生成ＡＩは言語や画像、映像を通じて人間や社会について学習しながら、能力としても存在としても人間に近づいてきている。

ある意味では、AIというデジタルな存在が人間社会に溶け込もうとしているとも言える。人間側はこうしたテクノロジーとの関係、さらにテクノロジー同士の相互作用にも目配りしながら、その社会の歴史や文化、価値観といったコンテキストに適合したルールを形成しつつ、持続可能かつ豊かで創造性あふれる社会をつくることが求められる。

フィジカルとバーチャルの融合が進展

フィジカル（物理空間）とバーチャル（サイバー・仮想空間）の関係も変化してきている。日本では両者が高度に融合したシステムが機能するSociety 5.0※が次世代社会のあり方として提起されているが、このような世界観の中で経済活動や社会活動を行うことが現実的なものとなってきている。

人間のバーチャルな世界でのコミュニケーションはインターネッ

※ 用語解説

Society 5.0

日本政府の第5期科学技術基本計画（2016～2020年）で打ち出された、狩猟社会（Society 1.0）、農耕（Society 2.0）、工業（Society 3.0）、情報（Society 4.0）に続いて、日本が見据えるべき次の社会像。物理空間とバ　チャル空間を融合させることにより、経済・産業の発展と社会課題の解決を同時に実現する。新たな価値の創造に向けてIoT、AI、ロボットなどのテクノロジーの活用やイノベーションを重視しながら、人間中心の社会デザインの構築を目指す。

トの黎明期からすでに行われてきていたが、メタバースの登場で、バーチャルな世界でも現実世界とも極めて近い感覚でコミュニケーションを取れるようになってきている。例えば、コロナ禍を経て、バーチャルな世界に現実のオフィス空間を再現し、まるで実際にオフィスにいるかのように複数の同僚と対話などすることも可能となってきた。

自分の考えや思いを表現することが苦手な人であれば、バーチャルの力を借りてその壁を乗り越えられる。自身に無理なストレスをかけて相手と対面でコミュニケーションを取るより、アバターのようなデジタルな代理を立てて会話をする方がよいこともある。特に会話者の間に上下関係が生じやすい場合などは、お互いの属性情報と無関係なアバターを利用してコミュニケーションを取る方が好ましいといったこともあろう。

バーチャル空間の可能性はさらに広がる。フィジカル空間は物理学の法則に抗うことができないが、バーチャル空間はそのような限界に縛られず、人間の身体性が持つ限界も適用されず、「遊び」の余地がある。人間の想いや自由な発想をこのデジタルな存在に反映させていくことで、新しい空間、経済圏をつくり出すことができる。例えば、特定のアイドル、アニメ、さらには地方自治体などのファンによって形成されるコミュニティであるファンダムにおいて、非代替性トークン（NFT：Non-Fungible Token）を発行することで、「推し」の気持ちを可視化、価値化でき、そこにバーチャルな経済圏ができあがる。このNFTをライブ会場や地域の商店街などの現実空間で提供すれば、バーチャルとフィジカルが接続される。その後、ファンは現実空間で手に入れたNFTを介して、コミュニティに対して強いつながりを感じ続けることができる。バーチャル空間が持つ移動の限界を越えた集積度やスピード感と「フィジカル空間ならでは」の体験や希少性を組み合わせることで、このファンダム、経済圏は最大限の深さと広がりを見せるのである。

ガバナンスはテクノロジーの急速な発達が前提

テクノロジーの進化に伴い、規制やルールのあり方についても考え方の変化が迫られている。これまでのルールづくりでは、人が基準となって、固定的な世界観の中でいかにテクノロジーを使用したり管理したりするかについて考えてきた。しかし、ここまでテクノロジーが社会に浸透し、その進化も速くなると、人ではなくテクノロジーを前提としてルールを考える必要性が出てくる。

日本では経済産業省が「アジャイル・ガバナンス」※という新たなガバナンスのあり方を提起している。従来のガバナンスは目指すべき社会のゴールを定め、それを基に確固たるルールや手続きを先に決め、社会がそれに適合していくようにするものであった。しかし、フィジカルとバーチャルが高度に融合する世界は可変性が高く、先読みが難しく、リスクも複雑という、まさにVUCAな環境であり、固定的なガバナンスでは対応しきれない。そこで社会の多様な関係者がガバナンスのあり方をアジャイルにアップデートし、新たなテクノロジーが生み出す従来は想定されていなかった状況にも、社会全体としてうまく対応していくことが重要なのである。[注1]

また、倫理に反するテクノロジーの開発、悪用や暴走には厳重な制限をかける必要はある。特に汎用AIが発展し続けることで2045年に迎えるとされる、AIの知性が人間のそれを越えるシンギュラリティーが想定される中、AIについてのルールをいかに設定していくかは大きな課題である。ただ、テクノロジーが人間社会に溶け込んでくる未来においては、テクノロジーにルールを課すということは容易ではない。AIは大量のデータを学習し、ある意味で人間社会を理解し、社会性を身につけつつあるとも言える状況

※ 用語解説

アジャイル・ガバナンス

フィジカルとバーチャルが高度に融合するデジタル時代に適合したガバナンスのあり方として提唱されたもので、日本が目指す Society 5.0 におけるガバナンスモデルでもある。政府のみならず、企業や個人、コミュニティなどの社会のステークホルダーが対話と信頼を基礎に置きながら、一定の失敗がある前提でガバナンスのあり方を設計、運用、検証し、問題があれば迅速に更新。スピードを損なわずによりよい社会を実現することを目指す。

注1：経済産業省「アジャイル・ガバナンスの概要と現状報告書」（2022 年 8 月）

であり、結果として、ＡＩがＡＩ活用に適した社会のあり方やルールのあるべき姿を提案すると
いったことが起きる可能性もあるだろう。

メタバースなどに支えられた比較的小さなコミュニティにおけるルール設定のあり方も変わっていく可能性は十分にある。自律分散型組織（ＤＡＯ：Decentralized Autonomous Organization）などの言葉で語られることもあるが、こうしたコミュニティでの取り決めは自律的かつ民主的に行われる。従来はインターネット上（クラウド上）の場を提供するプラットフォーマーがルールメーカーであったが、Ｗｅｂ３・０、メタバースの世界観においては、それぞれのコミュニティの価値観に賛同する参加者がルールを設定する権利を持つ。コミュニティが流動的で可変的であればあるほど、参加者が機動的に意思表明して、ルールの設定や変更ができる環境をテクノロジーで担保しておくことが望ましい。

企業としてはガバナンスやルール設定の観点からも、人間と共存するテクノロジーといかに向き合うのかを考えておく必要がある。

日本ならではのテクノロジーの受容と活用のあり方

本節では、テクノロジーが人間社会に必然性を持って溶け込んでいく時代において、日本はどのような強みを、どのように発揮できるかについて考えてみたい。

強みを活かしたテクノロジーの取捨選択

日本はテクノロジーの受容度が低いのではないかといった声がよく聞かれる。この文脈では、企業や行政において、諸外国と比べるとデジタル化やDXがなかなか進展しないことや、生成AIの導入に慎重な姿勢を取りがちであることに言及されることが多い。しかし、日本人とテクノロジーの関係を少し振り返ってみると、決してそうではないことがわかる。

かねてから日本はすり合わせの技術が得意と言われてきた。伝統工芸品に見られるような匠の技をはじめとして、人間が自らの技術を磨き上げて自身を高度化し、道具を使いこなし、結果としてテクノロジーを進化させてきた。つまり、その環境や目的になじむように人間自身の技術とテクノロジーをすり合わせて、テクノロジーを織り上げていくような高度化が、日本人の得意とするところである。

ここで日本におけるテクノロジー全般の状況を見ると、現在の日本には多種多様なテクノロジー、デジタル技術が企業や研究者の手元に届いている。問題はテクノロジーを忌避することではなく、多くの選択肢がある状況を是としてしまい、その中から特定のテクノロジーを取捨選択せずにいることであろう。世界との競争という観点から考えれば、日本として実装に注力できるテクノロジーを絞る方がよい。例えば少子高齢化（人口減少、労働力不足）という重たい課題、世界の産業における日本のポジション、また上述のようなロボットを受け入れる姿勢を勘案すれば、デジタルを掛け合わせる形でのロボットの活用はその最有力候補であろう。

第3次産業革命において自動車、電気電子製品を大量生産する必要性が高まり、ロボットが産業に急速に浸透してきた際に指摘されたのは、日本と欧米のロボット観の違いとそこからくるロボット導入への忌避感である。特に米国では、ロボットは自らの雇用を脅かす存在と捉える労働者が多く、当初は導入が遅れる傾向が見られた。しかし、日本では危険が伴う作業など人間への負担が大きい工程をロボットに代行させるところから始まるなど、人とロボットがいかに協働すれば生産性を向上させられるかという視点でロボット導入が進んだ。その結果、日本は世界に冠たるロボット大国となった。

国際ロボット連盟によると、工場内で使われる産業ロボットの新規設置台数で、日本は中国に次いで2位となっているし（**図表4-1**）、世界の産業ロボット生産における日本のシェアは46％と半数近い（いずれも2022年）。工場の外において使用され、人間と協業するサービスロボットの導入においても、日本らしいロボットの活用のあり方を提案できるはずである。日本が持つ、人間との共存を前提に社会の実情に合わせてテク

図表**4-1**｜**産業ロボットの新規設置台数（2022年）**

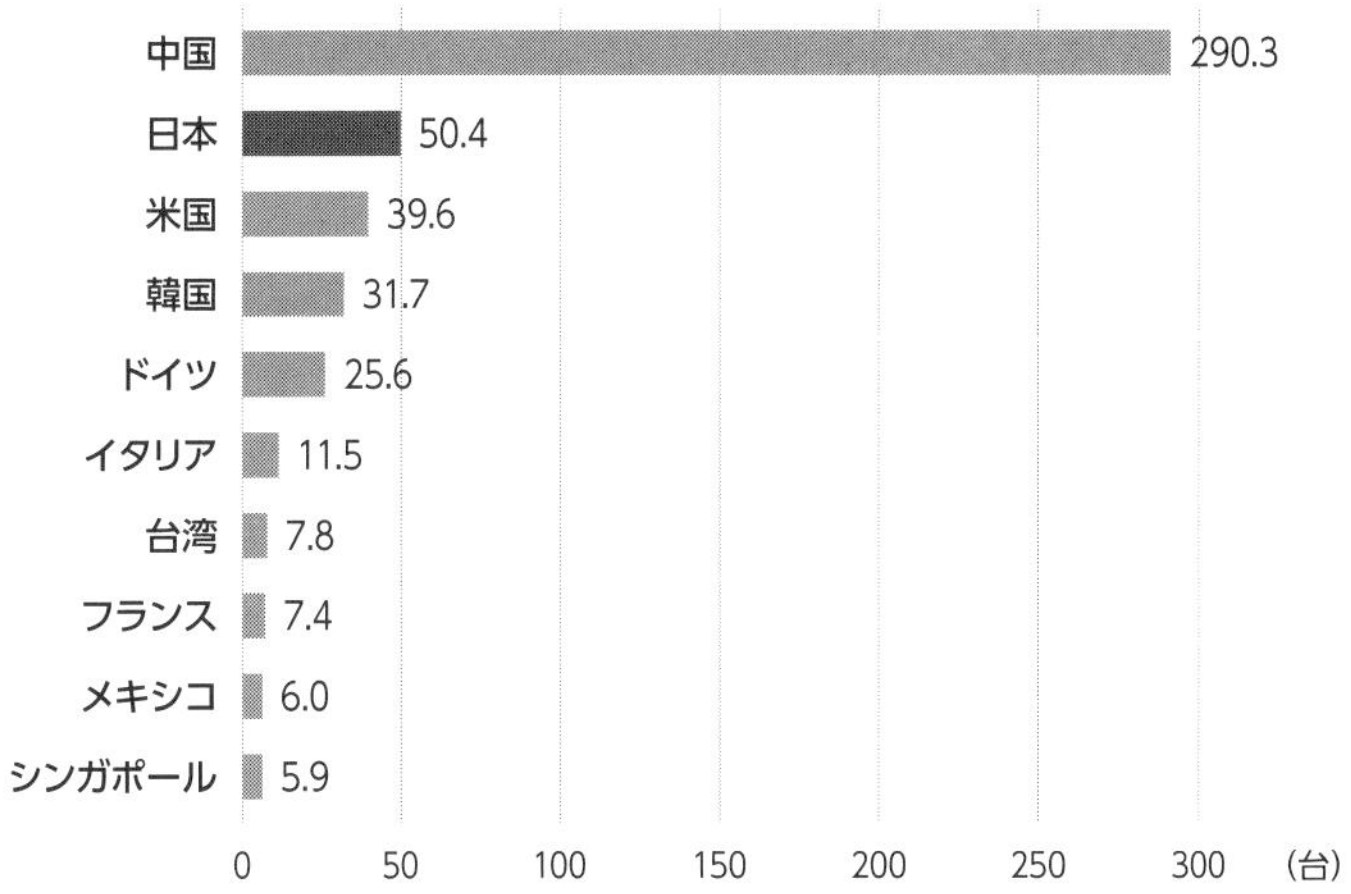

（出所）国際ロボット連盟（IFR）「World Robotics 2023 Report」より筆者作成

ノロジーの実装を考えられる柔軟性やハードウェアの強みを活かせる領域がどこか、という視点は常に持ち合わせておきたい。

日本だからこそ生み出せる包摂性の高いテクノロジー

少子高齢化と日本のテクノロジー受容という点について考えてみると、高齢者はテクノロジーの利用に消極的かつ不向きであり、今後も高齢者比率が上昇する一方の日本は、総体としてテクノロジー受容度の低い社会になっていくとの見方も直感的には可能であろう。しかし、PwCコンサルティングが2022年1月に実施した高齢化社会におけるテクノロジー活用についてのアンケートでは、新しい技術の受容度は30～60代のどの年代でもほぼ同様の傾向にあった。高齢者は必ずしも新しいテクノロジーの使用に後ろ向きではないのである。

高齢者の多い日本には、包摂性を具備したユニバーサルデザイン的なテクノロジーを生み出す土壌があるとも言える。AgeTechとも言われる高齢者対応技術は、社会の中で最も身体面や認知面での能力が弱い層を想定したものであり、それは社会を構成するどのような層にとっても利用可能なテクノロジーであるとも言える。社会の最大の構成層である高齢者の状況を社会的な側面や身体的な側面などから多面的に理解し、テクノロジーの力でその生産力や判断力を下支えすることで、より包摂的な世界を実現することができるだろう。

また、バーチャル空間、特にインターネット空間を、高齢者などの弱者が騙されることのない、安全で安心して利用できる空間にしておくことは極めて重要である。インターネット空間を世界的に見ると、日本よりも先に、欧米などの英語圏もしくは英語が話せる人口の多い国・地域で、デジタルや情報に疎い弱者をターゲットとする詐欺が多発した。ただ、非英語圏でも、生成ＡＩの発展によってローカル言語の壁が破られ、国境を越えて騙されるケースが今後は増えていくであろう。高齢者や子どもなどにもテクノロジーへの理解を深めてもらいながら、「日本のインターネット空間」を心理的にも技術的にも安全性が担保された空間としていく必要がある。それができれば、リアルだけではなくバーチャルにも安心して人とつながれるコミュニティをつくることも可能となる。特に周囲との交わりが減りがちな高齢者にとっては、どのような形であれ周囲とつながる機会を持てることは意義がある。

column

社会実装の横展開における日本の強み

実は日本の物理的な面での生活のしやすさ、人口密度の高さ、経済水準や生活習慣などの面での相対的な均質性は、フィジカルとバーチャルの融合、人間とテクノロジーの共存を志向する上で、大きな利点ともなる。日本の全国的に整備されたインフラや安定した治安などに下支えされた生活のしやすさは、世界的にもトップレベルといってよい。都市部に人口が集中し、都市間の差異が小さいことも、先進都市で始まった実験的な取り組みを他の都市に横展開する際にはアドバンテージとなる。

日本にいれば気づきにくいが、世界には日常における物理的な安全を確保することすら難しかったり、国内で働く機会をなかなか得られなかったりする国・地域も少なくない。こうした環境下では、バーチャルな世界でコミュニティに参加する、インターネット経由で世界中から単発の仕事を受ける、物理的に海外に出稼ぎに出て収入を得るといったことが選択肢となる。しかし、日本ではフィジカル空間の安定感を前提に人々が国内に留まりながら、それを基礎にバーチャルとの融合を考えられる。さらに、成功した「遊び場」があれば、均質性を背景に、それを素早く他の地域に横展開していきやすい。

「閉空間」の活用を考える

これからの日本がイノベーティブな社会に向かうためには、新たなテクノロジーを積極的に実装する実験環境的な「遊び場」を用意する必要があり、そのための「閉空間」があるとよい。ここで言う「閉空間」とは誤解を恐れずに言えば「鎖国」であり、地理的に閉ざされて、通行にある一定の制限がかけられるような空間を指している。物理的な地理空間も指せば、デジタル上の空間も含めた閉じられた空間も指す。テクノロジーの活用において、他のコミュニティとの相互干渉が制限される空間と広く定義してよい。

この閉空間は都市単位で考えることになる。都市という限定的な空間において、規制を緩めて極端な環境を意図的につくり上げることで、実験的取り組みも行いやすく、この空間内で発生する不確実性にも対応しやすくなる。人々の生活に自然と溶け込む自動運転車やドローンの走運航、安全性をブロックチェーンで担保した地域通貨の使用、域外からのアクセスを遮断してサイバーセキュリティ上の懸念から解放された域内インターネット空間での交流などを想像するとわかりやすいかもしれない。

　重要なのは、このような都市を排他的なものではなく、むしろ、テクノロジーを進化させたい、実装したい人と知恵が集まり、イノベーションの発生確率が高まる吸引力のある場所として捉えることである。最近では都市から地方に移住する人も出てきているが、交通などの生活インフラが整い、仕事や衣食住・娯楽も含めた日常生活での選択肢が多い都市環境を好む人は、今後も相対的には増えるだろう。その中のオプションとして、上述のような「遊び場」のような都市があってもよいはずである。

　また、テクノロジーを活用して、エネルギーや農業などにおける産業バリューチェーンを自給自足的に広い地域内で閉じさせるような発想も持ち合わせたい。特に注目されるのがエネルギーの効率利用と安全性を共存させる核融合※である。すでに理論的な基盤は整備されており、2050年までの実用化を目指して研究開発が進められている。実用化されればエネルギーを都市の中で生産できるようになることから、そのインパクトは極めて大きい。

※ 用語解説

核融合

地球上に豊富に存在する水素などの軽い原子核同士を衝突、融合させて膨大なエネルギーを発生させるもので、太陽と同様の仕組みであることから、地上での太陽の再現とも言われる。原子力発電に比べ制御も容易で、安全性は極めて高いとされる。温室効果ガスを排出せず、水力、太陽光、風力による発電のように気候・気象の影響を受けないことから、気候変動対応の文脈からも研究の進展に期待が高まっている。ただし、大規模化、商用化に向けての課題も多く、最終的な実用化には時間がかかると見られている。

人間とテクノロジーが「同じ目」を持つ空間ID

デジタルで情報を認識するテクノロジーの潜在力を最大限に活かしてフィジカル空間でのユースケースを増やしていくためには、コンピュータやロボットなどに人間が生活しているフィジカル空間の状況を正しく認識させる必要があり、そのためにはコンピュータやロボットが人間と「同じ目」を持つことが不可欠である。このような発想から生まれたのが空間IDという、日本発で開発が進むテクノロジーである。

空間情報（データ）を把握する際、従来は空間は点の集まり、あるいは線の集まりである面の組み合わせ、つまり2次元で表現されていた。しかし、本来は3次元である空間を2次元で表現しようとするとデータ過多となり、コンピュータが認知、処理するのに大きな負荷がかかる。そこでシステムやロボットが空間情報を利用しやすいように、空間を一定の大きさの箱（ボクセル）に分割し、それぞれにIDを付与することで、空間情報を一意に識別して管理できるようにする。

そして、このIDを共通化しておくことで、同じ空間を利用する企業や関係者、多様なシステムやロボットの間で、特定のボクセル内の異なる属性の情報、例えば気象情報（例：降雨）、災害情報（例：火事）、建物情報（例：ビル）、自然物情報（例：樹木）、規制情報などを一元的に把握、管理、更新、共有できる。そこに時間情報も合わせていけば、さまざまな目的で利用することが可能となる。例えば、これをドローンの運航管理に活かす場合、飛行可能かつ効率的なルートを素早く特定し、飛行計画を短時間で作成できる（**図表4-2**）。

具体的な活用領域としては、まずは防災や防犯、インフラなどの分野が挙げられる。IDが付与された特定の地理空間を複数の関係者が同時にモニタリングすることで、IoTセンサと連動させて防災や防犯に役立てることができる。また、地下空間にも適用すれば、地下埋設物についての最新の詳細な位置情報を把握できるこ

図表**4-2**｜ドローンの運航管理における空間IDの活用イメージ

・共通の体系に基づき、空間を箱（ボクセル）に区切り、それぞれに固有のIDを付与
・さまざまな属性の情報をIDに紐づけて一元的に管理し、空間の利用者間で情報（データ）を共有

→ システムやロボットがデジタルな情報を通じてフィジカル空間の状況を正しく認識。フィジカル空間におけるテクノロジーの利活用が促進される

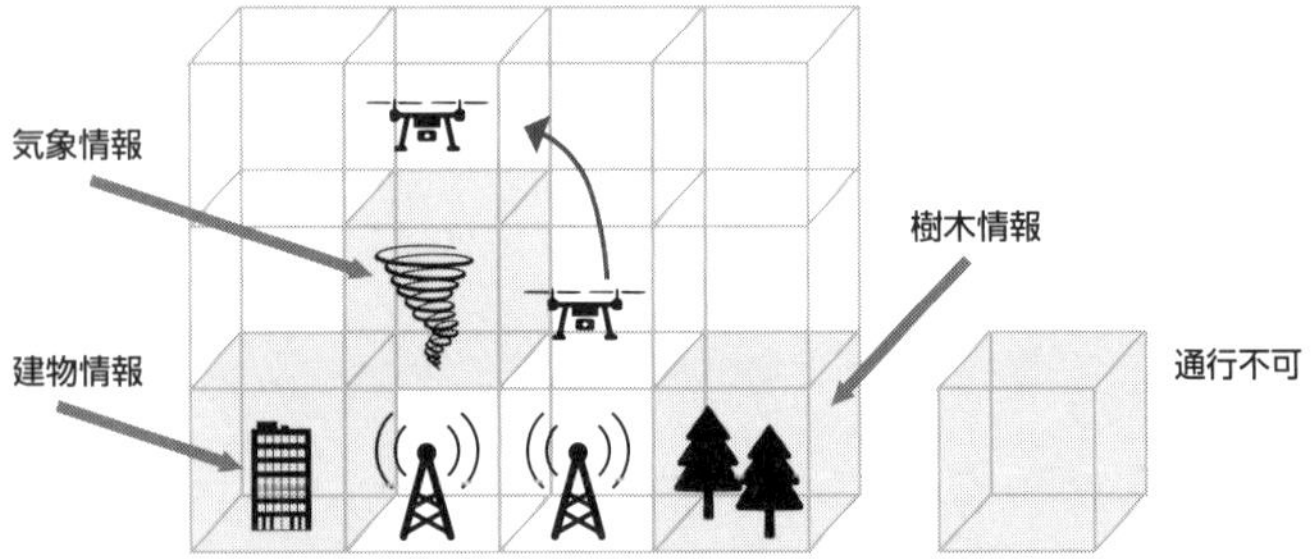

（出所）「３次元空間情報基盤アーキテクチャ設計報告書」（経済産業省、デジタルアーキテクチャ・デザインセンター）の図をもとに筆者作成

とから、自動化された掘削ロボットが他の関係者が設置した既存の配管などを破壊することなく活動したり、使用者が異なるロボット同士も円滑にコミュニケーションしながら動作できたりするようになる利点がある。

世界を見ると、デジタルを活用した新しい都市のあり方の実現を目指す動きが活発化しており、地理空間情報の取り扱いについてもグローバルな開発競争が進展している。確かに日本はＡＩのように大きなインパクトを生み出す革新的テクノロジーを創出、アップデートする点では強くない。しかし、既存のテクノロジーにそれぞれの現場やニーズに合わせた工夫を加えたり、うまく場になじませて利活用先を増やしたりするのは得意とするところである。いったん空間ＩＤを用いた地理空間情報の活用と空間のデジタル化が有用だとわかれば、上記のような防災、防犯、インフラ整備などのほか、都市の環境管理、建築、交通・物流から生活支援、小売、エンターテインメントまで、多くの事業領域でユースケースの検討が進むであろう。

重要なのは、一部の領域での活用が先行するテクノロジーについてもいち早くユースケース拡張の可能性を探る姿勢を持つことである。それでこそテクノロジーの潜在力を最大限に活用した、インパクトのあるビジネスの展開が可能になる。

人生100年時代のテクノロジー活用

世界においても日本においても、人間の平均寿命は延び続けてきたし、今後もそうであろう。日本の平均寿命は2020年時点で男性81・58歳、女性87・72歳で、2050年には男性84・45歳、女性90・50歳まで延びる[注2]。もはや100歳まで生きることも珍しくない時代である。本章の最後に、人生100年時代を迎える中でのテクノロジーとの向き合い方について考えてみたい。

テクノロジーで人生の制約を越える

人間はテクノロジーを活用することで経済活動や日常生活における制約や限界を乗り越えてきたが、人生100年時代において、極端な例ではテクノロジーで身体の限界を超えるようなことも可能となってくる。人間は加齢による能力の減退、そして死から逃れることはできない。しか

注2：国立社会保障・人口問題研究所「日本の将来推計人口」（令和5年推計）

し、テクノロジーはある意味でそれに抗うものである。人間の長寿命化、能力拡張といった身体的な強化に加え、現在では、ある人物の発言や行動、声や思考パターンを生前にＡＩに保存しておけば、その人物が生物学的な死を迎えた後にも、子孫などがＡＩを通じてその人物と「対話」する、といったことができるようになってきている。伝説的な企業家や起業家が自身の存在を後世に残せば、将来のスタートアップ創業者がそのレジェンドにビジネス相談することもできるかもしれない。これは生物学的な死をテクノロジーで越えようとする例でもある。

上記はやや突飛な例かもしれないが、人生１００年時代とは、単に寿命が延びるだけではなく、テクノロジーの発達によって人生における選択の幅が広がり、多様かつ多彩な人生のあり方が許容される時代でもあるだろう。このような観点では、例えば教育においてテクノロジーを活用し、画一性や均一性という制限を乗り越えることも発想できる。従来型の学校教育では、全生徒が全科目において同じ授業を取り、同じ進度で同じ難易度の問題を解いてきた。しかし現在では、生徒が各科目における学習の記録をデジタル履歴として保存、蓄積しておけば、ＡＩが生徒それぞれの到達度や理解度に合わせて最適な難易度の問題を提示してくれるといったことは技術的には可能である。机の上で履修する科目のほか、例えば工場見学や企業見学、キャンプなどの体験を通じた総合学習、さらにアルバイト、インターンシップといった経験、社会人になれば業務経験もデジタル履歴に加えられる。こうした履歴情報をうまく活用することで、周囲の人間からアドバイスが得られない場合でも、ＡＩとの対話を通じて個々人の人生の可能性について示唆を得ることが可能になる。また、より客観的な目でキャリアの方向性を見定めたり、各人に適したリスキリングを行ったりできるようにもなる。いままでよりも長い人生を生きるからこそ、過去の蓄積をうまく将来の成長につなげていくことが重要であり、テクノロジーの活用で各人の可能性を広げられるのである。

テクノロジーを意識的に活用し、イノベーティブな社会へ

テクノロジーとの向き合い方という点で考えると、人間は次の３つに大別できる（図表4-3）。

①テクノロジーを進化させる人間
②テクノロジーを使う人間
③テクノロジーを使わない人間

重要なのはテクノロジーを進化させる人間と使う人間をいかに増やすかであるが、その目的を「イノベーションを生み出すこと」と捉え直すと、次のようなことが言えるだろう。

イノベーションの本質とは既存の要素を組み合わせ、従来は存在しなかった、認識されていなかった価値をもたらす新たな結合を生むことにある。よって、イノベーションを生むためには、多様な要素が密に集積することにより、意識的もしくは無意識的にさまざまな組み合わせが生まれ、試され、さらにその結合度合いを高められる環境を整備しなくてはならない。

イノベーションの発生確率を上げるためには、テクノロジーを進化させる意欲とアイデ

図表4-3 | イノベーティブな社会を目指す、テクノロジーとの向き合い方

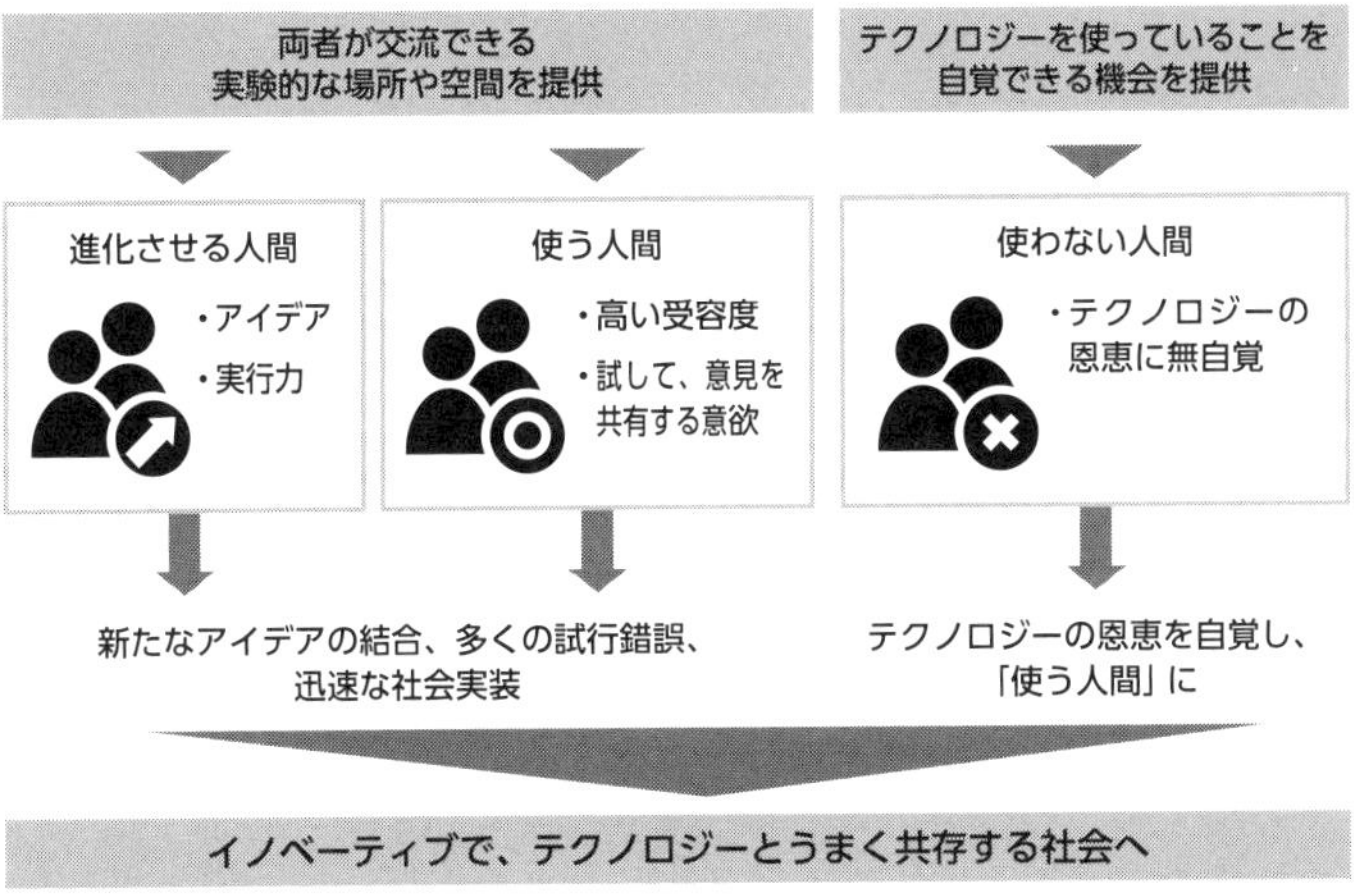

（出所）筆者作成

アを持つ人間とそれを積極的に使ってみようという前向きな人間の両方が相互に関わりを持っていくことが不可欠で、そのためにも両者が集う実験的な場所や空間、つまり「遊び場」を多くつくり出すことが重要になる。多くの人間やアイデアの新たな結合が生まれ、実際に試されることで、人間社会により適合したテクノロジーが生まれ、社会実装につながる確率も高まる。

新しいテクノロジーは積極的に実戦で試してみることが重要である。実戦を通じて改良を積み重ね、経済・産業活動や日常生活の現場の中でのオペレーションを確立しておく必要がある。２０１１年の福島第一原子力発電所の事故において、最初期に現場に投入されたロボットは欧米製であった。日本にも潜在的に使用可能だと思われるロボットは存在していたが、現場でのオペレーション経験がほとんどなかったため、投入が遅れてしまったのである。新しいテクノロジーも、人間との連携によって現場でオペレーションできる状態にまでなっていなければ、宝の持ち腐れとなる。もちろん倫理に反するようなテクノロジーのオペレーションはご法度だが、正しい目的に資するテクノロジーについては、その潜在力が十分に発揮されるようにするのも人間の重要な役割である。

3番目の「テクノロジーを使わない人間」については、人間とテクノロジーが共存する社会においては、実際にはテクノロジーと無縁の生活を送る人はほぼ皆無であろう。よって、これは「テクノロジーを使っていることに自覚的ではない人間」と言い換えてもよい。子どもの頃から家庭や学校、地域社会において、日々の生活をより豊かにしているテクノロジーの存在に自覚的になる機会を持ってもらい、できるだけ多くの人にテクノロジーを積極的に試す意欲を持つ「テクノロジーを使う人間」になってもらうことが肝要である。

テクノロジーを使わない層に配慮しすぎることは、社会全体でのテクノロジーの導入やＤＸが遅れる要因ともなる。テクノロジーを使わなくても大丈夫な環境を残すのではなく、テクノロジーを活用できる層が先んじてその恩恵に預かりながら、誰でもテクノロジーがもたらす利便性を肌で感じることができる環境や機会を提供していく方がよい。こうしてテクノロジーに自覚的に触れる人間が増えていけば、テクノロジーを進化させる人間との接点が増え、新たなイノベーションがより生まれやすい土壌ができていく。

ここまで記述したテクノロジーについての考え方は、企業がテクノロジーについてどのような意思決定をするか、自社をいかにイノベーティブな存在に変えるかを考える上でも重要な視点である。誰かがイノベーションを起こし、テクノロジーの「確からしさ」を検証し、確固たるルールを設定するのを待って導入を決めるのではなく、最新動向を把握し、実際に社内で使ってみて、自社なりに新たな結合と実装を試行錯誤することに意味がある。企業が、テクノロジーが人間社会にさらに浸透する将来において大きな差を生むためには、テクノロジーと積極的に共存する絵姿を構想し、それを実践する先取の姿勢が不可欠である。

第5章

サイバー空間の安全をいかに確保するか

本章のpoint サイバーセキュリティ

point 1

サイバー空間が人間社会において重要性を増し、フィジカル空間と相互に影響をおよぼす中、人間が安心して活動できるよう安全性と信頼性を高めていく必要がある。

point 2

国家や企業、個人が適切に意思決定するためには、外部からのサイバー攻撃へ対応しつつ、レジリエンスを高めるとともに、今後の安全性への脅威にも備えておく必要がある。

point 3

日本は民主主義的な考えの下、個人の自由やプライバシー保護と国家の安全保障や社会の治安のバランスを取りつつ、サイバー空間を整備していくことが重要である。

近年広がるサイバー空間（バーチャル空間：以降、本章では「サイバー空間」とする）とフィジカル空間の問題が相互に影響をおよぼす中、インターネットとコンピュータで構成されるサイバー空間において人間が安心して活動できるよう、その空間の安全性と信頼性を高める方策を考える必要がある。本章では、国家、企業、個人の立場から見たサイバー空間での脅威および対策を確認した上で、「信頼」をキーワードとしてサイバー空間の安全をいかに確保していくかについて論じていく。あわせて、民主主義国家としての日本のサイバー空間との向き合い方も考えてみたい。

サイバー空間の現状

サイバー空間への依存を深める社会

人間社会において、サイバー空間はますます重要性を増している。インターネットが登場した頃はフィジカル空間が主であり、サイバー空間は従であった。だが、個人の視点で考えてみるとフィジカルな時間を張り合いのあるものにするためにはサイバー空間での充実が不可欠といった形へ、フィジカル空間とサイバー空間の関係は変わりつつある。例えばスマートフォンを紛失してしまいサイバー空間につながれなくなった場合、いかに生活が不便になるかは容易に想像できよう。現在では個人のコミュニケーションのみならず、企業における商取引や政府機関の活動、安全保障上の活動等の多くがインターネットを通じたサイバー空間上で行われている。私たちの社会はサイバー空間への依存度を高めており、この傾向は今後ますます強まっていくだろう。

サイバー空間の規模はどの程度だろうか。現時点でサイバー空間に接続している人、つまり世界のインターネット利用人口は約50億人、普及率は63％（2021年現在）に達し、インターネットに接続しているデバイスの数は、2023年には293億台と推計されている。2021年のIDCによる分析では、2010年には2ZB（ゼタバイト）であったデータ量は、2015年には16ZB、2020年には64ZB、2023年には120ZB、2025年には181ZBと驚異的な伸びを示している。ビッグデータという言葉がある通り、サイバー空間が生み出すデータ量は膨大である。

また、サイバー空間は、データ量のみならず、SNS（Social Network Service）に代表されるように、個人の趣味や政治的な主張も含めて文字や映像、音楽等により個人を表現する場としても重要となっている。SNSの利用者は全世界で47・6億人（2023年現在）と言われており、インターネット人口の約92％にあたる。国家や企業といった主体もSNSを活用しており、文字通り、SNSは社会的なネットワークを支えるサイバー空間上の巨大装置である。

国家、企業、個人が直面する課題、問題点

あらゆる主体がサイバー空間への依存を深める中、その安全性は極めて重要であり、その信頼性も不可欠である。安全性と信頼性が確保されなければ、サイバー空間につながることを避け、そこに依拠するテクノロジーを極力使わないという選択をする人が増え、結果的に社会全体でのテクノロジーの活用が遅れてしまう懸念もある。第4章で論じているテクノロジーの社会全体での活用実現に向け、サイバー空間の安全性と信頼性の確保は必須である。国家、企業、個人、それぞれの主体がサイバー空間と向き合う中でどのような課題を抱えているのか、この点から確認しておこう。

まず国家の観点から見ると、サイバー空間は安全保障の問題に直結しており、DIME（外交

〈Diplomacy〉、情報〈Intelligence〉、軍事〈Military〉、経済〈Economy〉）の観点を踏まえサイバー空間の安全確保を追求する必要がある。あるいは一歩踏み込んで、ハイブリッド戦という観点からサイバー空間の安全確保を追求する必要がある。サイバー空間は敵対的な国家間での政府機関や軍事関連企業、次世代を担う重要産業分野組織等への情報収集、分析、工作の場として利用され、実際、サイバー攻撃の応酬も行われている。

続いて企業活動や個人の観点から見ると、犯罪の少ない社会の実現のため、サイバー空間での詐欺等の経済犯罪や違法取引（薬物、武器、性的コンテンツ等）を減らしていく必要がある。サイバー空間の犯罪はその抑止が十分に働きにくいだけでなく、ＡＩ技術の発展に伴い犯罪件数が増加する可能性も懸念されている。個人が安心して生活するためには、プライバシーに関する情報・データの取り扱いを国家や企業が保障する社会が望ましい。人権意識が高まる中、今後も個人データの取り扱いや対策はさらに厳格にされるべきであろう。

また、ブログやＳＮＳの登場で、インターネットでの情報発信数が増える一方、匿名や他人になりすまして不適切かつ無責任な発言をするような迷惑行為も生じるようになった。サービス提供側は公式アカウントを登録する制度をつくったり、規約に違反したアカウントの利用を停止したりするなどの対策を始めたが、次々と登場するアカウントへの対策は十分ではない。

日本では2000年に「不正アクセス禁止法」が施行された。犯罪捜査のための通信傍受に関する法律も整理され、一定の要件のもと捜査当局が電子メール等の情報を取得できるようになるなど、インターネットの普及に伴い生じたサイバーセキュリティ上の問題に対する法令が整備されている。ただし技術発展が進む中で新たな犯罪形態も出現するため、サイバー空間の安全確保はいたちごっこの課題であり続けている。

サイバー空間の安全性と信頼性の現状

サイバー空間の安全性と信頼性について、実際にどのような脅威が存在し、それらへの対応はいかにあるべきなのだろうか。この点について見ておこう。本節の概要は、以下のようになっている（**図表5-1**）。

サイバー空間の安全性（情報・データの保護）

サイバー空間の安全性に関して、①外部からのサイバー攻撃への対応、②レジリエンス、③今後の安全性の脅威への対応、以上の3点を中心に検討しよう。

①外部からのサイバー攻撃への対応

組織が保有する機密情報（例えばＡＩ、量子コンピュータ、バイオ、宇宙等の先端技術）のほか、大量の個人データは、関係者（従業員、取引先）を介して、違法な方法で漏洩するリスクに直面している。こうした中、外部

図表5-1 サイバー空間の安全性と信頼性確保の全体像

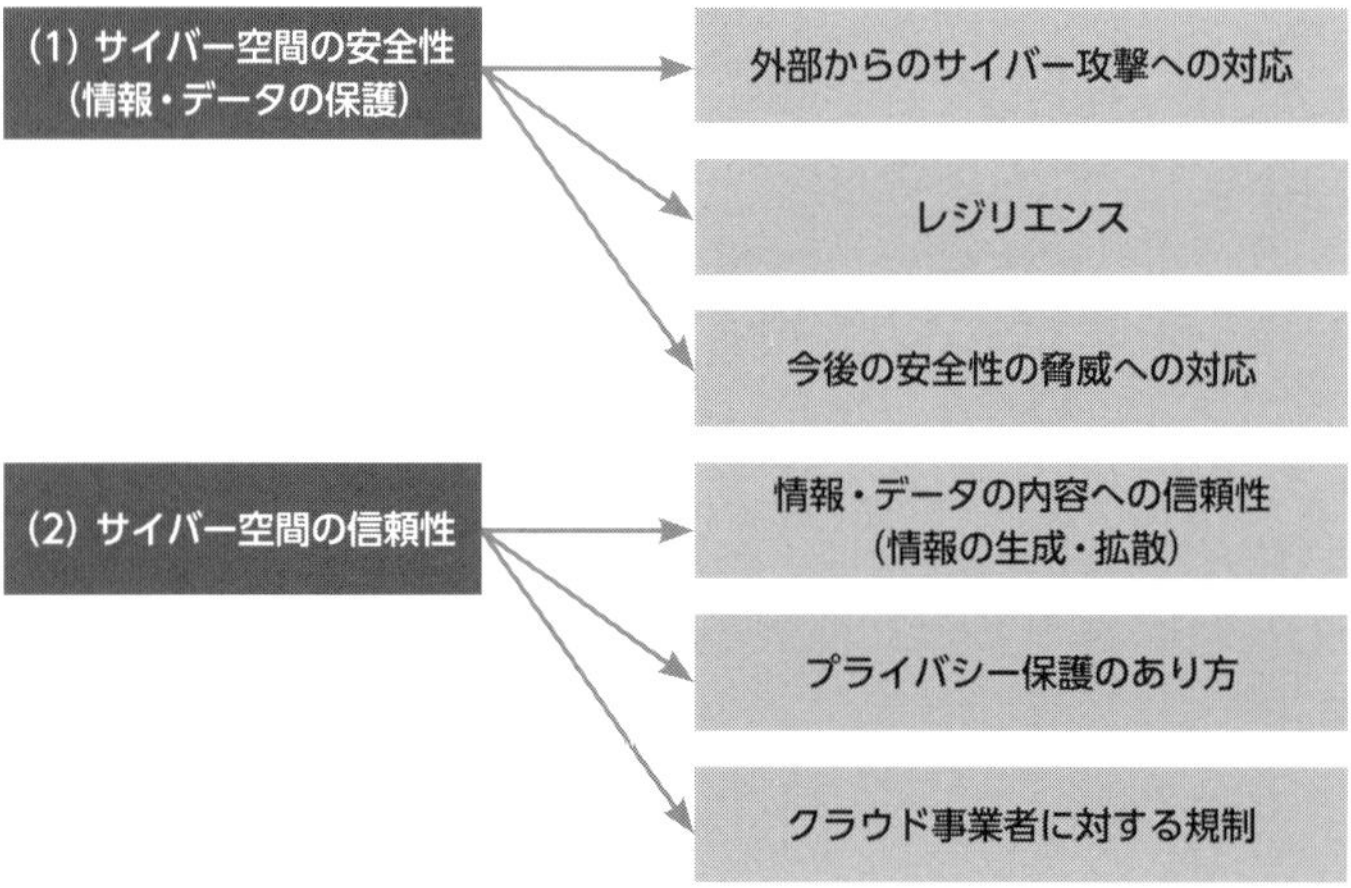

（出所）筆者作成

からのサイバー攻撃への対応としては、リスクアセスメントを踏まえた対策を愚直に講じていくことに加え、自動化の推進、さらに脅威インテリジェンスの活用と共有が求められる。

今後、攻撃者はサイバー空間のエコシステムを最大限に活用し大規模かつ広範囲に攻撃を行う可能性があるが、手動で対応していては追いつかない。こうした中、米国政府はゼロトラストやCDM※等、自動化を前提としたセキュリティ対策の実装を進めている。攻撃の予想、防御、検知、対応、復旧まで自動的に対応するためには、まずはそれぞれの機能レベルでの自動化が必要となるが、その後はそれぞれの機能をつなぎ（例えば、自動的にマルウェア侵入の予兆を検知したり、自動的にマルウェアを発見し無害化したりするなど）、自動的にプロセスが回るようにすることが重要となる。

また、攻撃者の意図や手法、タイミング等が事前に判明すれば防御しやすくなる。信頼できる組織間（官民、国際的な連携も含

※ 用語解説

CDM

Continuous Diagnostics and Mitigation（継続的なリスクの診断と緩和）の略称で、管理対象であるIT資産（デバイス、ソフトウェア等）、ユーザー、ネットワークセキュリティ、データ保護等の理想状態と現状をシステム的に常時監視し、そのギャップを把握し、ギャップに対して継続的に対応を行う考え方である。米国連邦政府で段階的に導入が進んでいる。また、日本政府でもデジタル庁が同様の考え方である「常時リスク診断・対処（CRSA：Continuous Risk Scoring and Action）システム」の導入を進めている。

む）で脅威インテリジェンスを共有し、攻撃者に対する情報を共有できる仕組みが必要である。米国では大統領令に基づき構成されたISAC※やISAO※といった組織が、CISAを中心とした連邦政府のほか、産業界での連携も図っており、クラウド事業者との情報連携も進んでいる。欧州でもENISAを中心とした情報の連携が進んでいる。

このように組織間での情報連携が今後ますます重要となる中、日本でも経済産業省の委員会で被害情報共有のあり方について議論が行われており、2023年11月には報告書が公表された。[注1] サイバー被害につながる脅威情報、脆弱性情報に

※ 用語解説

ISAC

Information Sharing and Analysis Center（情報共有・分析センター）の略称で、1997年のクリントン政権の「大統領令63（Presidential Decision Directive 63〈PDD63〉on Critical Infrastructure Protection: Sector Coordinators)」に基づき重要インフラ業界ごとに組成された組織である。ISACは、重要インフラ・資源（Critical Infrastructure Key Resource〈CI / KR〉）の所有者および運営者によって設立された団体であり、セクター内において、また他のセクターおよび政府と共有される包括的なセクター分析を提供している。

ISAO

Information Sharing and Analysis Organization（情報共有・分析組織）の略称で、2015年にオバマ政権の民間部門のサイバーセキュリティ情報共有を促進する「大統領令（Executive Order〈EO〉13691 promoting private sector cybersecurity information sharing)」に基づき、国土安全保障省にISAOの開発を奨励するよう指示され、普及しているものである。ISAOにはISACも含まれており、セクターごと、地域ごと、特定の業種ごとに組成されている。

注1：産業サイバーセキュリティ研究会「サイバー攻撃による被害に関する情報共有の促進に向けた検討会」サイバー攻撃による被害に関する情報共有の促進に向けた検討会最終報告書

ついては、各組織や国によるグローバルでの把握、共有が重要となり、まずはガイドライン等に基づく情報共有を促進しつつ、法制度の整備に向けて準備を進めておくべきであろう。そのためには内閣官房情報セキュリティセンターやＪＰＣＥＲＴコーディネーションセンターといった既存組織も踏まえ、責任と役割の体制を再考する必要があるだろう。

②レジリエンス

次にレジリエンス、つまり障害やサイバー攻撃を受けても手堅く業務を続ける能力の重要性を取り上げよう。必要な時に必要な情報やデータが利用し続けられる環境が維持される、可用性の確保も重要である。

社会インフラを担う組織の業務の可用性は、一組織の問題に留まらず、社会的問題となる。安定した稼働が求められるものとしては、重要インフラ事業（例えば、電力供給、通信、金融決済等）に関わるシステムが考えられる。従来は専用のコンピュータシステムにより運用されていたが、費用面や運用面から汎用的なシステムに変わりつつあり、サイバー攻撃を受けやすくなっている。また、重要インフラ事業に関わるシステム自体に問題がなくても、重要インフラ事業に関わるシステムを管理する周辺システムが何らかの理由で利用できなくなると、適切な管理ができなくなるため、安全性重視の観点からは重要インフラ業務を止めざるを得なくなる。レジリエンスを考えるためには、周辺システムへの配慮も重要である。

情報・データを含む情報システムの安定稼働を重視する観点から、世界中で問題となっているのが、ランサムウェアによるシステム停止である。攻撃者により暗号化されたデータは復号鍵がなければ元のデータに戻せない。また、たとえ復号鍵を入手できたとしても多くのデータが暗号化されてしまえば、その復号には時間がかかり、また復号できたとしても元通りシステムとして稼働させるには手間がかかる場合もある。重要インフラ関連システムがサイバー攻撃による被害を受ければ、社会生活に影響が出る可能性も高まる。現在、世界中で猛威を振るうランサムウェアだが、サイバー犯罪というだけでなく、安全保障の面からも留意すべきものである。

レジリエンスを高めるための活動は、金融機関など重要インフラ事業ですでに進み始めている。手法としては、①停止しにくくする（冗長化）、②停止しても速やかに回復する（早期検知、復旧）、の2つの要素の組み合わせになるが、基本は冗長化となる。重要インフラ関連システムではこれまでも冗長化は行われているが、本当に冗長化できているかは厳格な検証が必要である。例えば、地理的に離れた2カ所にバックアップを保管していたものの、同じシステム上にバックアップしていたため、ランサムウェアで両方のバックアップが暗号化されてしまった事例もある。

物理的に冗長化を行っても、それが論理面での冗長化にはならない例である。

早期検知、復旧における重要なポイントは自動化である。攻撃者が、ＡＩなどを活用した自動化ツールで攻撃する現在、防御側もＡＩなどを活用した自動化による攻撃の早期発見、早期検知は欠かせない。また、攻撃を受けた後の復旧を急ぐためにはインシデントを想定した訓練が必要であり、特に重要インフラ関連システムでは実践的な訓練の実施が望まれる。

さらに、今後対策を急ぐべき大きな脅威としては、クラウド・ブラックアウトやインターネット・ブラックアウトが挙げられる。国家レベルの攻撃者がクラウドサービス自体に侵入し、サービスを停止するほか、複数のインターネット用ケーブルの陸揚げ拠点を同時に物理的に破壊するなど、テロや戦争レベルの脅威も想定される。いまのところ、クラウド・ブラックアウトやインターネット・ブラックアウトについての対策が社会的に十分検討されているとは言えない。前者に対しては、複数のクラウド事業者で冗長化する方法も考えられるが、データの二重化は可能であっても、システムの二重化は難しいだろう。なお、海底ケーブルと陸上拠点をつなぐインターネット陸揚げ局の物理的な破壊に対しては、陸揚げ局の地理的分散化のほか、衛星を使った接続の確保などの方法が考えられる。

column

ランサムウェア被害

フィッシングメール等を利用して、認証情報（IDとパスワード等）を盗み出してシステムに侵入し、データを暗号化し、復号鍵を渡すかわりに金銭（一般的には暗号資産）を要求するという、データをいわば「人質」にして金銭を要求する犯罪である。警察庁の調査によれば、ここ数年間ランサムウェアの被害による報告件数が高水準で推移しており、国民生活にも影響を及ぼす社会的な問題となっている。

民間事業者が主要国を中心に行った調査では、防げた場合も含めて世界の3分の2の組織がランサムウェア攻撃

図表5-2｜企業、団体などにおけるランサムウェア被害の報告件数の推移

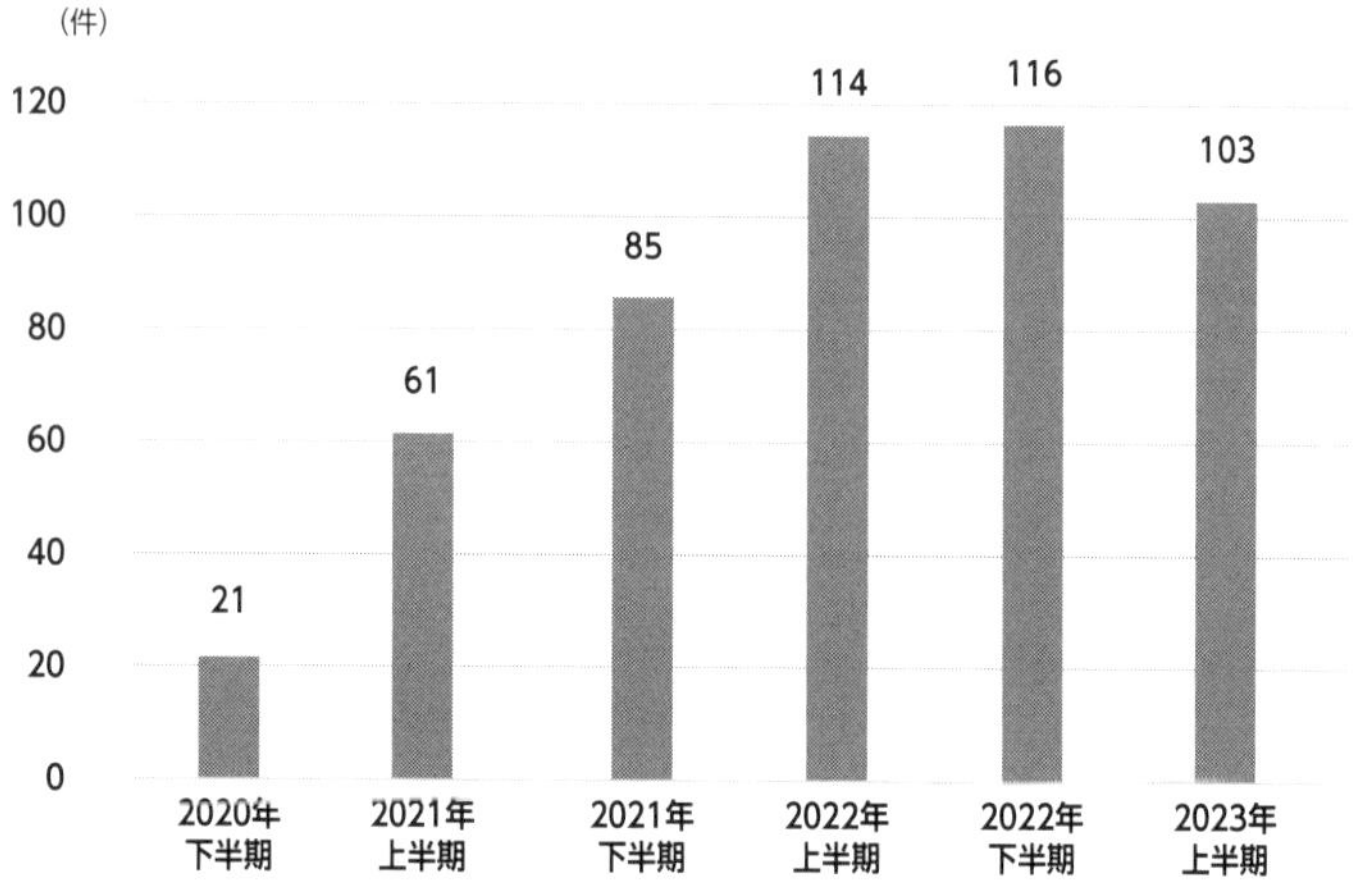

（出所）警察庁「令和5年上半期におけるサイバー空間をめぐる脅威の情勢等について」より著者作成

を受けており、約半数近くの組織が実際に身代金を支払っているとされる。身代金の額が損害賠償保険の範囲に含まれている場合も多かったようだが、安易な身代金の支払いが犯罪の拡大につながることもあり、保険金での支払いを推奨しない国も増えている。日本では、いわゆるサイバー保険への加入率が低く、また身代金の支払いを是としない社会的環境にあったため、身代金を支払わず、自力でシステムを復旧している組織が多いようである。民間事業者の調査結果では、復旧には1週間から1カ月かかっているところが多いが、身代金を支払うことによる復旧とバックアップからの復旧では復旧に要する時間には大差がないという。

図表5-3｜**ランサムウェア攻撃を受けた際、復旧に要した時間**

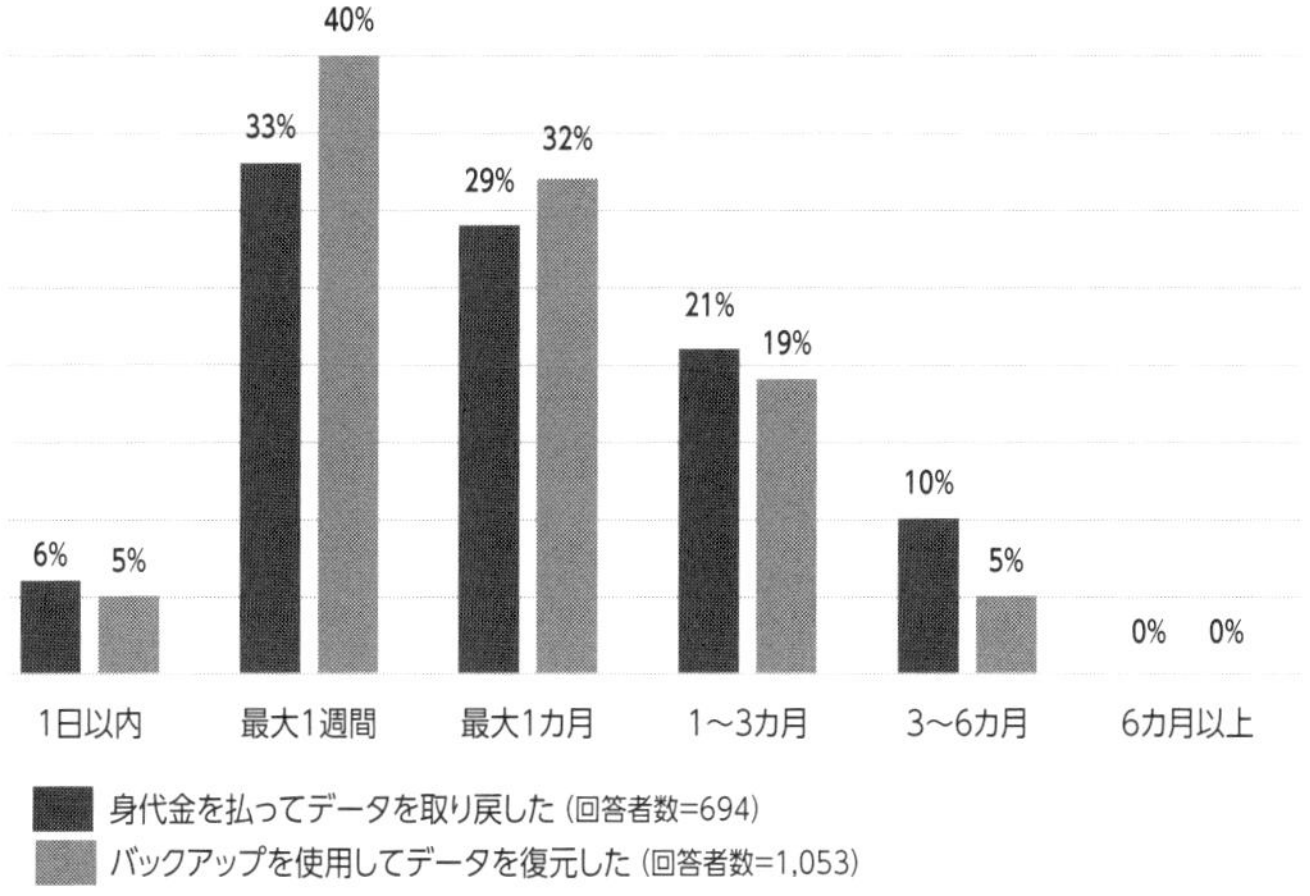

（出所）ソフォス「ランサムウェアの現状 2023年版」より筆者作成

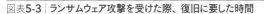

③今後の安全性の脅威への対応

最後に、安全性に対する脅威として、量子コンピュータによって現在の暗号が解読できるようになることも現実的な脅威と考えられるので、この点についても触れておきたい。情報の機密性を保持するため、軍や金融機関、通信の分野では多くの暗号システムが導入されている。現時点では現在の暗号を解くことができる量子コンピュータの実用化はまだ先と言われているが、今後大きなブレークスルーがあり、実用化が早まる可能性もある。そうなれば、暗号に依存する現在のシステムは破綻することにもなりかねない。米国では国家主導で量子コンピュータが普及しても耐えうる暗号（耐量子暗号）の標準化作業が行われており、2030年を目途に耐量子暗号への移行が進められる見込みである。

サイバー空間の信頼性

国家や企業、個人が適切に意思決定をするためには、情報・データへの信頼を確保することが必須となる。以下では、情報・データの内容への信頼性の観点から、生成と拡散について述べる（図表5-4）。そして、情報の取り扱いという観点からプライバシー保護、さらにはサイバー空間での情報の収集、保管、活用の主体とも言えるクラウド事業者に対する規制についても触れる。

①情報・データの内容への信頼性

インターネットの発展とともに変化が訪れたのが、情報の拡散の分野である。従来、情報発信のゲートは報道機関（例えば、新聞社、テレビ局）や出版社に集中していた。報道機関は自社の倫理観に基づき情報の正確性、意見に対する中立性等を考慮した上で情報を発信し、出版社も一定の品質を担保した上で出版していた。しかし、インターネットの登場により、倫理的な観点から十分な確認がされないまま、各組織や個人が直接サイバー空間

図表5-4｜情報の生成と拡散に至るイメージ図

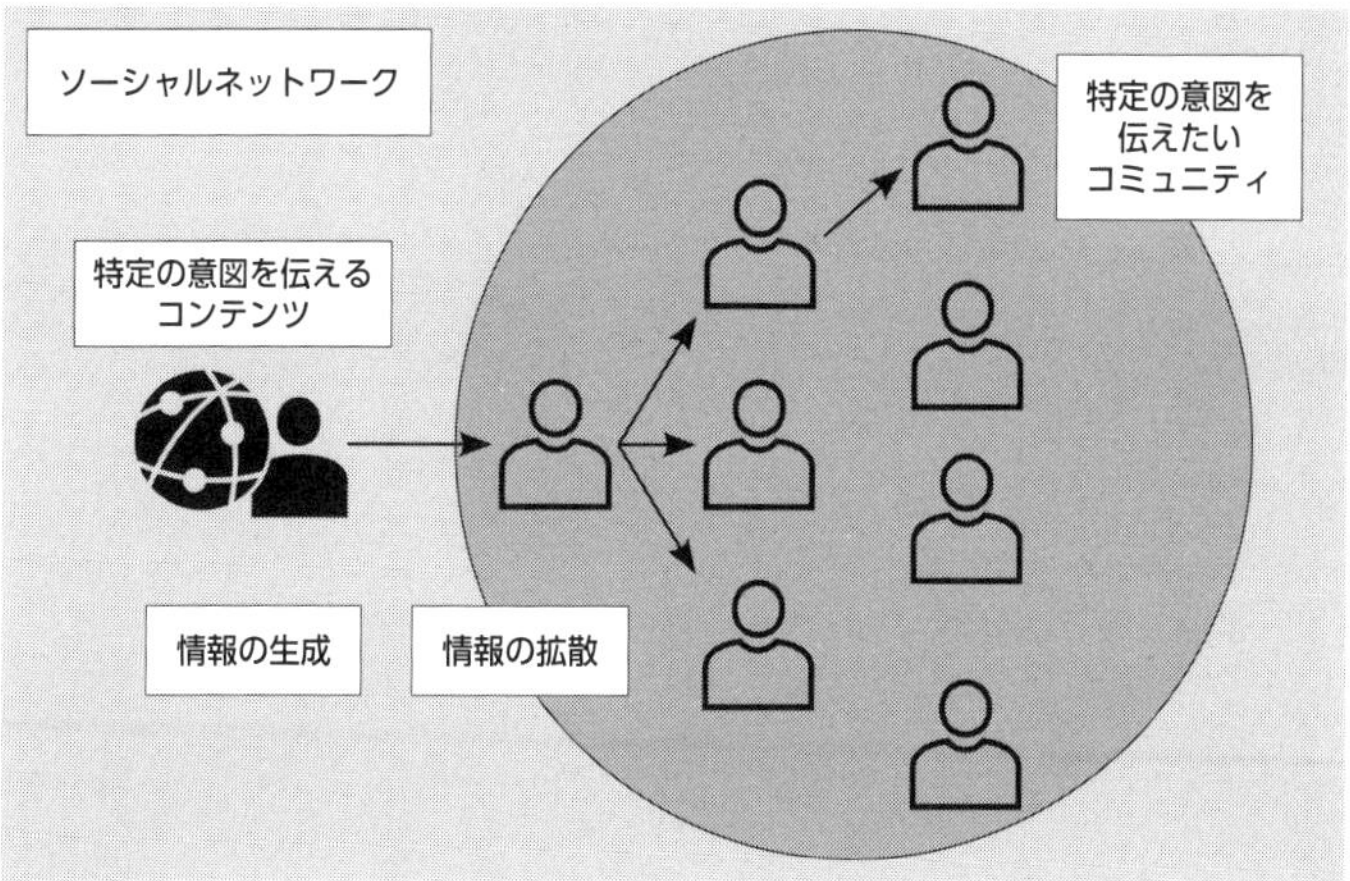

（出所）筆者作成

に情報を発信できるようになった。さらに、近年はＳＮＳ等の普及によって誰でも情報を手軽に発信できるようになり表現の自由が増した反面、情報操作をする手頃な手段としてもＳＮＳ等が利用されている。

多くの情報やデータは、その内容が適切であるかどうか保証されているわけではない。われわれは、通常やり取りする電子メールが本人から確実に送付されているか厳格に確認してはいないし、その内容が途中で改ざんされているかを確認しているわけでもない。日本では書類に書かれた情報が本人により確実に書かれたものであることを保証する制度として印鑑登録制度がある。デジタル社会では、こうした制度や実務をデジタル化していく必要があり、登録機関にあらかじめ本人が登録したものを使って電子的に署名をつける電子署名がある。欧州ではより進んだ制度としてｅＩＤＡＳ規則がある。個人以外にも、法人（ｅシール）、タイムスタンプ、データの完全性等の保証を行うｅデリバリーの制度がある。また、オンラインバンキング等さまざまな分野においても、本人確認のために生体要素を使って認証する方法（指紋認証、顔認証等）や、パスワードとデバイスなど複数の要素を使って認証する方法が広がっている。

次に、情報・データの内容に本人が署名した以降、改ざんされていないことを確実にするための手法について考えてみる。紙媒体での情報の改ざんは、紙面に物理的な痕跡が残るため発覚しやすい。一方、デジタルデータを変更しても媒体そのものにはその痕跡が残らないため、データ改ざんの有無を確認するための手段を実装することが不可欠である。注2

情報の生成・拡散に関して注目すべき昨今の動きとして、AIによる偽情報の精緻化が挙げられる。例えばフィッシングメールで考えてみよう。これまでは不自然な日本語や各国・地域の商習慣をもとに、フィッシングメールを見破ることができた。しかし、生成AIの登場により、日本語ネイティブでない人でも日本語の自然な文章がつくりやすくなった。また、SNSに投稿される写真や動画についてはどうだろうか。これまでは写真や動画を自然に見えるように合成するためには画像編集ソフトによる細かい作業が必要であり、時間も資力も相応に要した。この煩雑さが偽画像作成の抑止になっていた。ところが生成AIの登場により、自然にみえる画像を簡単に生成できるようになった。このままでは扱う情報の真偽が判断しにくくなるだろう。

この問題は安全保障にも影響する。例えば偽情報で他国の選挙活動に介入するといった事態も考えられる。サイバー空間では、AIで自然な偽情報をつくりSNS等でインフルエンサーを使うほか、アカウントの乗っ取りやなりすましにより自然な偽情報を多層的に流すことができる。その結果、他国の選挙に影響を及ぼしたり、場合によっては暴動の引き金になり政情不安を掻き立てたりすることもある。

注2：ハッシュ値を使った改ざん検知機能では、ハッシュ関数を使ってデータを変換し、一定の長さの数値に変換する。その際に、どのようなデータが、どのようなハッシュ値になるか予測できなくしておけば、ハッシュ値を変えずにデータ変換することができず、ハッシュ値が不変であれば、データが変更されていないと推定できる。

情報・データの信憑性（例えば偽情報や誤情報ではないこと）を確認する方法として、第三者による確認がある。いわゆるファクトチェックである。SNS等を通じて拡散される情報の真偽を判定する機能を有する団体の設立が全世界的に進んでいる。すでに100団体以上があると言われており、[注3]日本には大学教授と元新聞記者等が中心となって設立した「日本ファクトチェックセンター」などがある。

ただし、このような手法でチェックできる情報の量には限りがあるため、対象は社会的な影響が大きそうなものに限られている上、判定するための情報量や情報技術の制約があるため、その精度にも限界がある。また、こうしたファクトチェック機関に対する認証制度の整備も必要であろう。

②プライバシー保護のあり方

プライバシー保護は個人の尊厳を守る上で重要である。サイバー空間では個人に関するデータの名寄せが容易であるため、データプライバシーの保護は重要な論点である。インターネットでのアクセス状況など個人に関連する情報が自動的に収集可能になったことで、ある組織が収集した個人に関するデータが別の組織が持つデータと紐付けされ、本人が自身の情報を望まない形で

注3：総務省 プラットフォームサービスに関する研究会（第27回）「諸外国におけるファクトチェックの取組について」

利用されるなどの問題も生じている。

こうした中、プライバシー保護のための法制度が欧米を中心に整備されてきており、それが世界的に広がってきている。特に2016年に制定されたEU一般データ保護規則（GDPR：General Data Protection Regulation）が有名で、この欧州の考え方が世界的に共通した内容として広がっている。ただし、国・地域ごとに微妙な違いがあるため、グローバル企業は各国の法制度に合わせて対応する必要があり、運用が難しくなっている面もある。プライバシー保護法制はデータの国際流通を踏まえてより収斂されていくと思われる。その際に、民主主義的な国と権威主義的な国での差分（例えば、政府による個人情報の取り扱い）がどのようになるかがカギであろう。場合によっては、個人データの流通においてデカップリングが発生する可能性はある。

③クラウド事業者に対する規制

現在、サイバー空間での活動の多くがクラウドに依拠しており、今後も依存度は増すと見られる。振り返ってみれば、インターネットを通じたサイバー空間は世界中の人々が自由に情報を共有し、民主的な社会を実現するものとして始まった。しかし、情報はネットワーク効果が働きやすく、その結果各種サービスがクラウド事業者に集中した。巨大化したクラウド事業者は、中小国家を超える経済力を持つこともあり、国家と言えどもその影響力を無視できない存在になっている。このため、クラウド事業者への過度の集中を是正するための法整備を検討している国もある。

また、クラウド事業者に多くの活動が偏るサイバー空間では、国家がクラウド事業者を統制しようとする結果、そこでの企業や個人の活動も間接的に統制されることになり、サイバー空間が有する本来の自由度は低下していく可能性もある。一方、サイバー犯罪者の活動はいわゆるダークネット上で行われているが、そこでもクラウド事業者のような集中化が起こるであろう。その中でグローバルサイバーマフィアが国境を越えて、自分たちのインフラの上で犯罪をビジネスのように進めていくことも想定されよう。こうした環境下、インターネットとサイバー空間は民主主義的な国と権威主義的な国との間で分断する可能性がある。

民主主義国家としてのサイバーセキュリティとの向き合い方

どのような社会をつくりたいか

日本においてサイバー空間やそこで発生、保存、活用される情報・データといかに向き合うかは、実はわれわれがどのような社会を是とするのかという問題と深く関係する。つまり、日本の立ち位置として、民主主義的な立場と権威主義的な立場のどちらを取るかが重要となる。日本は欧米先進国と同様に前者の立場を取っており、原則としては民主主義的な考えの下でサイバー空間を整備することに尽力すべきであろう。例えば、個人の自由やプライバシーについても、それを尊重する姿勢と国家の安全保障や社会の治安を重視する姿勢の間で、適切なバランスを取ることが求められる。日本では、通常時は個人の人権や表現の自由、プライバシーが優先されるが、安全保障や治安を脅かすような問題に直面した時には柔軟に対応できる環境を整備する必要があるだろう。監視カメラの存在も同様に考えることができる。犯罪防止の名目であっても監視カメラを用い、いま誰がどこで何をしているかを国家が常に把握していれば、個人の権利は著しく損なわれるであろう。しかし、捜査機関が犯罪捜査の目的のために必要に応じてアクセスできるような状況は望ましいかもしれない。

一方、例えば中国では政府、共産党が国内のネットワークを厳しく統制している。携帯電話番号・プロバイダー・SNSの利用の際には実名登録が義務づけられており、国内であれば本人への到達性が高く、ネット上での犯罪行為は検索可能であるため、サイバー犯罪は行いにくい環境にある。また、国家として望ましくないと考えるウェブサイトにはアクセス不可であるため、サイバー空間を利用した海外からの影響工作も防止しやすい。このような対応は国家の安全性の向上には資するが監視社会化しやすく、国民の意思表明が制限されやすくなる可能性もある。

サイバー犯罪を抑止する観点から言えば、サイバー空間をできる限り政府等の管理下に置くのがよいということになるが、そうなると個人の人権、表現の自由、プライバシーには強い制約がかかる。自由な経済活動もしにくくなり、息苦しい社会になってしまうかもしれない。その一方で、自由放任とするとサイバー空間の安全も維持できなくなる。これは社会全体の安全を守る政府と個人との関係（信頼性）の問題であり、政府と個人の関係を不断に見直しながら、国民が政府をどのように監視すべきかを社会全体で考えることが重要である。

脳とコンピュータの結合

倫理的問題も社会全体で考えるべきである。SNSにおける他者を過度に攻撃する書き込みなども倫理の問題として取り上げられるが、テクノロジーの進展に伴いほぼ確実に倫理的問題を惹起するものとして、脳とコンピュータの接続がある。脳とコンピュータが直接つながり、脳への直接入出力ができるデバイスの普及が進むと、視覚や聴覚のみならず、触覚、味覚、嗅覚に関する情報を扱えるようになり、よりリアルな感覚が得られるようになる。近年は生成ＡＩが現実感のある画像や音声を生成できるようになっているが、それが触覚、味覚、嗅覚にも拡大されるイメージである。このようにフィジカル空間とサイバー空間の境界が曖昧になる世界で起こりうる問題についても、検討しておく必要があろう。

脳とコンピュータの結合はこれからの技術であり、ある意味究極の仮想化社会とも言えるが、将来的に実現することは間違いない。脳とコンピュータをどのレベルまでつないでもよいのか、どのような人が利用を認められるべきかといった課題は明らかに倫理面での検討が必要であり、まずは論点の洗い出しからでも議論を始めるべき段階にある。

サイバーセキュリティに対する国、企業、個人としての向き合い方

国家と企業との関係で言えば、先述の通り、サイバー空間の中で情報を取り扱う企業は中小国家を超えるほどに巨大化し、その機能が国家の政策を左右する存在にもなりうる。国家としても、このような企業を管理統制する体制が重要となる一方、これら企業が果たす機能や役割に頼らざるを得ない部分も多くある。サイバー攻撃を介して安全保障の問題に発展してくることも踏まえ、クラウド事業者や多くの個人情報を抱えるプラットフォーマーと呼ばれる巨大企業の活用と統制のバランスの取り方は、重要な課題である。

日本企業においては、相対的に縮小に向かう可能性が高い国内のマーケットの先行きを踏まえ、世界を意識したビジネス展開が不可欠であろう。その際に、日本と考え方の近い欧米市場や、これからの成長が期待される第三国への展開は当然であるが、いわゆる権威主義的な国の市場をどのように取り込むかが課題となるだろう。プライバシー・デカップリングが生じることも想定し、

切り離した市場としてビジネスを組み立てることが必要かもしれない。

次に個人はどう対応するか。まずはサイバー犯罪などへの認識を深め、自衛することが重要である。またプライバシーの問題も含め、日本は民主主義であることをいま一度理解し、政府に対する監視の意識を強く持つことである。安全保障の名目のもと、政府が個人の権利の制限を拡大していけば、行き着く先は政府による監視社会であり、それは私たちが望んでいる社会ではないだろう。政府の暴走がおこらないように国民が政府を監視し、選挙等を通じて自らの意思を明確に表明することが重要となる。

最後にこれからの日本が進むべき方向性について考えてみたい。企業のDXは社会のDXにつながる。例えば、物品・サービスの購入、交通機関の利用、公共機関への申請等もスマートフォン経由が当たり前になり、日本では、多くの高齢者がこれらを利用することになる。実際80歳以上のインターネット利用率も増加しつつある。[注4] 高齢者でも安心して利用できるインターネット環境の整備には、高齢者に寄り添ったユーザーインタフェース等が重要であり、利便性が高く安全な環境の下で利用できるよう工夫する必要がある。これから世界で進む高齢化を踏まえて日本が率先的に対応することで、高齢化が進む日本、そして丁寧なモノづくりが得意な日本にとって、世界に貢献できる分野とする余地があると言えよう。

注4：総務省「令和5年 情報通信白書」

第6章

ビジネスで実現するネイチャーポジティブ

本章のpoint　自然資本

point 1

企業は2030年までに、自然環境の悪化による資源枯渇や調達価格高騰等で脅かされることを前提として、ネイチャーポジティブの発想でビジネスモデルを見直す必要がある。

point 2

ネイチャーポジティブの検討や評価の枠組みが標準化されたことで、すでに先行企業の陣取りやイノベーション投資が進んでおり、2024～2025年には新産業分野として動き始める。

point 3

新しい需要に学問の知とテクノロジーが掛け合わされた急激な革新が、食・まちづくり・サーキュラーエコノミー分野等で始まっており、世界規模のビジネスチャンスとなっている。

80億人に達した人類の経済活動の総量が増え続ける中、自然へのダメージを無視しながら経済成長を追求できる、ある意味で〝幸せ〟な時代は終わりを告げつつある。企業においては、自然環境の回復に貢献しうるビジネスのあり方を模索し、実行することが求められる時代になっているのである。

本章では、自然再興を意味するネイチャーポジティブの重要性を確認した上で、企業がその考え方を事業に取り込むための環境が整いつつあることを紹介する。さらに、いくつかの重要分野を取り上げ、ネイチャーポジティブが示す新たなビジネスの可能性について論じる。

地球環境問題を、イノベーションで解く

注目を集めるネイチャーポジティブ

ビジネスの世界において近年、ネイチャーポジティブ（自然再興）の重要性が増している。ネ

イチャーポジティブとは「企業・経済活動によって生じる自然環境への負の影響を抑え『生物の多様性を維持する』という従来の発想から大きく踏み込んで、『生物多様性を含めた自然資本を回復させる』ことを目指す新たな概念」[注1]である。ここでいう「回復」は「再生」でもある（**図表6-1**）。

これまでも自然は重要であるという漠然とした認識はあったが、2008年に国連環境計画（UNEP）が「生態系と生物多様性の経済学（TEEB）」報告書を発表して以降、多様な生物とそれを育む自然環境全般（非生物である地下資源、海洋資源、森林、水、大気、土壌など）を「自然資本（Natural Capital)」と捉え、各産業が自然資本にどの

図表**6-1** | **ネイチャーポジティブに向けた生物多様性回復のイメージ**

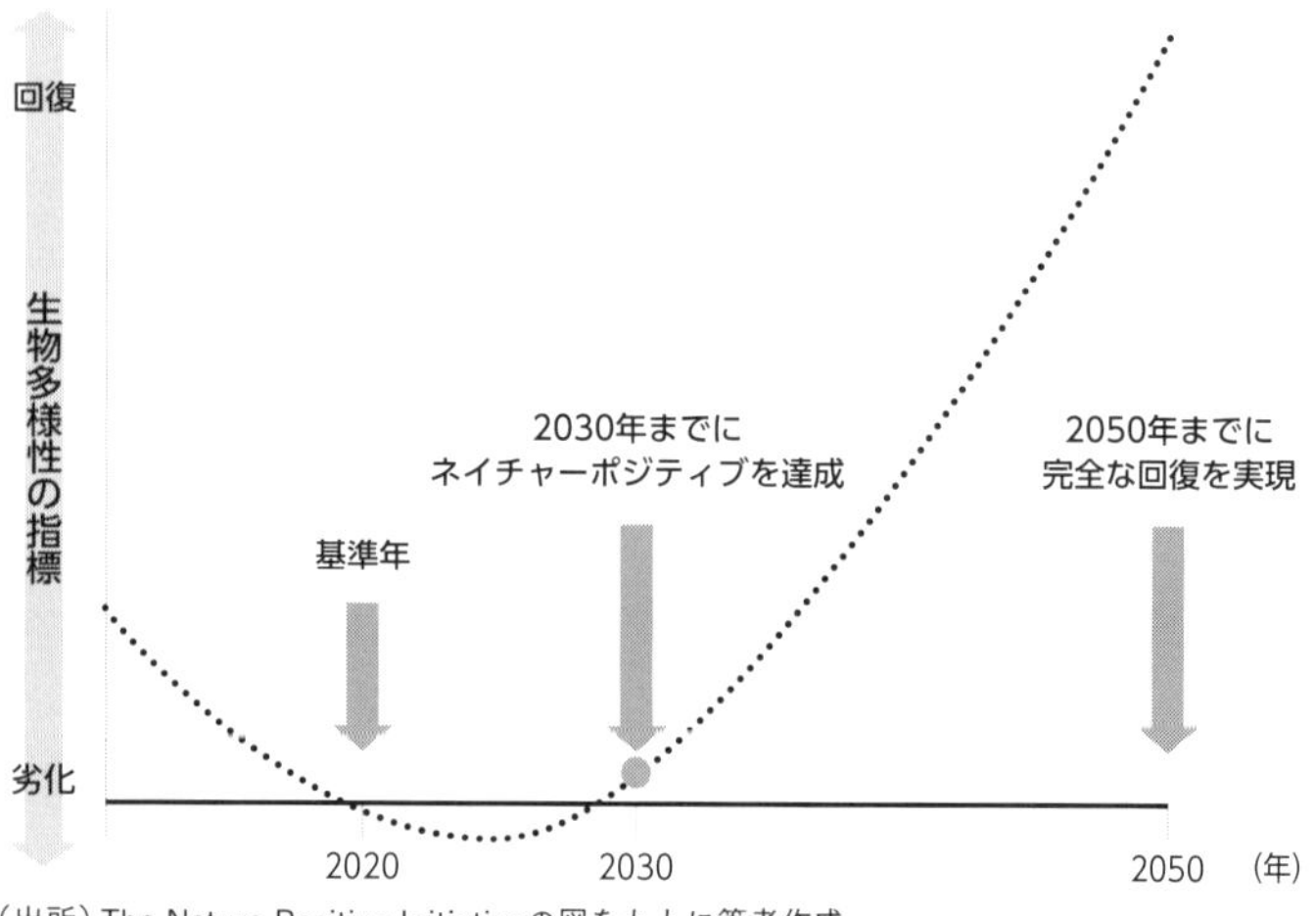

（出所）The Nature Positive Initiativeの図をもとに筆者作成

注1：PwC Japan グループ「ネイチャーポジティブ」

程度依存しているかを定量的に示すことで、ビジネスの目線でもその価値を捉えなおそうとする動きが活発になってきた。

2020年代に入ると、自然資本の回復を目指すネイチャーポジティブな経済の未来とはどういうものか、わかりやすい姿で語られ始めた。2022年の国連生物多様性条約第15回締約国会議（COP15）では、2030年をネイチャーポジティブの状態とする目標が具体的に語られ、欧州や中国、日本などをはじめとして、ネイチャーポジティブ経済へ移行する具体的計画が検討、策定されてきている。

PwCの分析によれば、自然に中〜高程度に依存している経済価値の創出額は58兆米ド

図表**6-2** | **経済・産業の生態系サービスへの依存度**

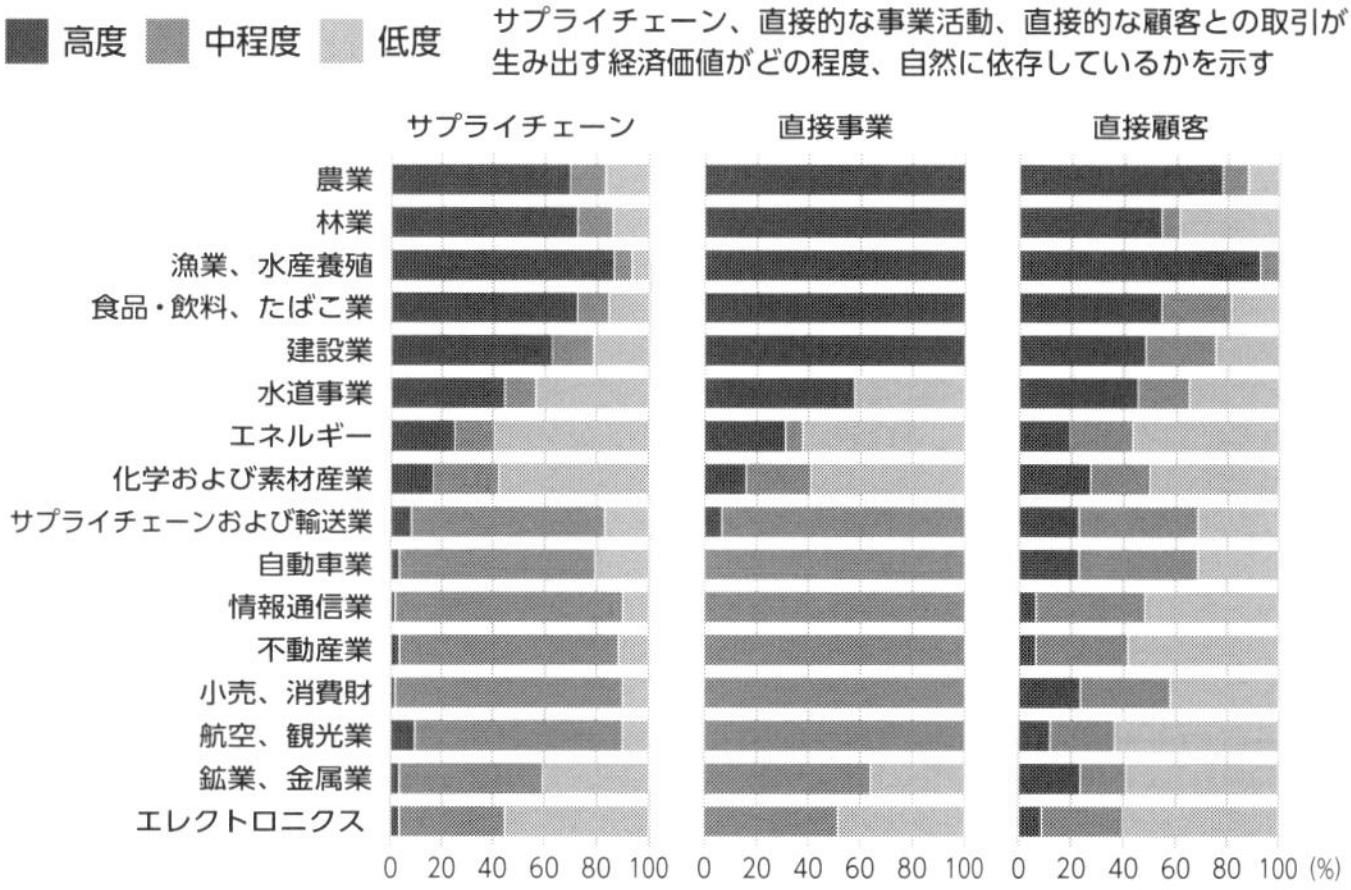

サプライチェーン、直接的な事業活動、直接的な顧客との取引が
生み出す経済価値がどの程度、自然に依存しているかを示す

（出所）PwC「自然関連リスクの管理：正しく把握し、適切な行動につなげるために」（2023年）

ルで、これは世界のGDPの55%を占める。依存度が高い産業ほど自然資本の劣化によって失われる経済的価値や事業への影響が大きく、特に依存度が高いのは建設業、農業、林業、漁業、食品・飲料の5つの産業である（図表6-2）。

自然資本の劣化という不自由

そもそも、経済活動を含めた人間の活動全般は自然に対する圧力となりうるものである。その圧力の総量が自然自身の自己回復能力を下回っている状況下では、人間の活動は基本的に自然資本を劣化させることはなかった。しかし、人間がその回復能力を超えて自然という資本を使いすぎたりダメージを与えたりしたことで、水や鉱物資源の枯渇、土壌の劣化、公害、生物多様性の喪失、野生生物の絶滅などの問題が発生するようになってきた。例えば、森林や森林が育む地下水などが半世紀以上の時間をかけて当該地域の自然環境を形成するように、自然環境の形成と回復のサイクルには長い時間を要するが、それでは間に合わないほどの圧力が人間によって加えられているのが現状である。具体的には、動植物の生息地である森林やため池の生産地への転換や、大量の取水、野生生物の過剰・違法狩猟などが挙げられる。

いまや人間の活動に起因する地球環境問題や自然資本の劣化は危機的状況にあり、人間自身の経済活動や暮らしの持続可能性まで脅かす段階に至っている。人間の活動は自然から不自由な制約を課されている状況にある。

しかも、この圧力は今後も高まり続けると見込まれる。2023年に80億人に達した世界人口は2050年には97億人まで増加すると予測されている。[注2] 同時に都市化も進展しており、2023年時点で57％超の世界の都市化率は2050年には68％超まで上昇すると見られる。[注3] 先進国に加え、人口増加率の高い新興・途上国が経済成長を遂げ、消費意欲の強い中間所得層が拡大すれば、生産、消費の両面において、自然環境に対する圧力がさらに増大することは容易に想像される。

ビジネスに期待されるネイチャーポジティブへの貢献

人類は科学の知識を実用化したテクノロジーの活用を通じ、生産性や暮らしの質を高めることで発展を遂げてきた。企業はビジネスを通じ、積極的に新たな製品やサービスを供給し、需要を喚起することで、成長の中心を担ってきた。

注2：国連経済社会局「世界人口推計 2022 年版」
注3：国連経済社会局「世界都市化予測 2018 年版」

こうした活動の過程において環境への悪影響を最小化するためには、自然環境の維持に直結する活動のほかにも、事業の中においてライフサイクル全体の環境負荷を下げる自然に配慮した高価格の素材を使ったり、長寿命設計を行い保守部品を長期に保持したり、廃棄物を回収し再利用・再資源化するといった対応が必要となる。しかし、余計な手間やコストが発生するという点で企業にとっても購入者にとっても経済合理性に反するため、これまでは環境に負担をつけまわすことで済ませてきた（外部不経済）。ところが、ビジネス活動や人々の生活に支障が出るほどに環境が悪化したことで、従来のあり方に大きな制約が課されるようになったのである。

実はわれわれはこうした制約を乗り越える経験を有している。例えば、１９８０年代にフロンガスによるオゾン層の破壊が国際的な問題となったが、その後、代替フロン、ノンフロンの開発・普及などの取り組みが世界的に進められたことで、オゾン層は回復しつつある。直近では気候変動対応や脱炭素がある。太陽光や風力、水力といった再生可能エネルギーの利用量を増やすことで、化石燃料に依存しない「自由」と「安心」を手にしようとしている。

気候変動対応や脱炭素の取り組みで注目すべきは、政府任せではなく、企業が自律的に新しい産業を形成し、金融機関もファイナンスの提供においてこうした産業を選好することでそれを支援し、ビジネスの力で課題を解決しようという機運が広がっている点である。カーボンニュートラルという国際的な「お約束」がいったん設定されることで、環境の価値が経済化され、新たな産業や企業が既存の産業や企業を脅かす「ゲームチェンジャー（破壊的イノベーション）」となることを、われわれは目撃しているところである（わかりやすい例として、電気自動車〈ＥＶ〉が想起できよう）。そして、制約をビジネスで乗り越えようとする動きは、気候変動分野から、経済やビジネスが依拠している自然環境全般に拡大してきている。

ネイチャーポジティブに向けたビジネスのあり方については、世界経済フォーラム（ＷＥＦ）が２０２０年にネイチャーポジティブへの移行の具体要素とその経済効果についての報告書を発表し、議論を加速させた。そして、いまや議論の段階ではなく、企業に具体的な行動を求める段階に入っている。

きれいな水や空気、豊かな土壌や生物の多様性といった自然環境は他の惑星にはない地球だけの財産である。そして、次世代へと続く共有財産でもある。

「使ったら、戻す」

これを守るのは当然のように思えて実際は難しい。単に自然への負荷を減らすという姿勢では、従来の延長線上での対策やソリューションしか出てこない。重要なのは、「自然」はあるがままにしておくものではなく、しっかり設計し「投資」することで持続的に価値を高めることができる「資本」である、と捉えなおすことである。そして、これからの企業には、自然資本を増やす「ネイチャーポジティブ」の発想で産業や成長を新しいモデルに置き換え、ビジネスを持続可能なものにすることで、地球環境問題解決に貢献することが期待されている。

環境問題とビジネスにおける課題とニーズを紐解く

難しい問題とリスクの把握

企業としてネイチャーポジティブへの対応を進めようとする時には、まず「対象となっているビジネスが成立する前提となっている自然への依存や、ビジネスが依存している自然に対して影響を与え続けていることは、いったい何を意味するのか」を問うことが重要である。しかし実際には、対応の前提となる問題や影響、リスクの存在に気づくこと自体が難しい。

経済活動において土地の利用は極めて重要な要素であり、企業は特定のビジネス活動を行うにあたって最適と判断される立地や調達先を選択している。しかし、長い時間が経過するにつれ、水や土壌、資源の使い過ぎや劣化、地域の生態系への影響などにより、その場所が最適な環境ではなくなっていくこともある。劣化した自然環境は時間の経過とともにさらに周辺の環境を本来の姿とは異なる方向へ変化させていくため、企業が管理、把握できる範囲を超えて影響は拡大していく。こうして自然環境や資源からのビジネスに対する制約は徐々に増大し、企業は当初想定していなかったリスクを抱えることになる。

また、リスクの具体的なありようは極めて多様で、バリューチェーンの各段階や活動の地域や場所、さらに利用する資材ごとに異なるという地域性の強さが特徴の1つである。この点、温室効果ガスはどこで排出されたものでも同じ物差しで把握して足し引きすることができるのとは対照的である。また、自然資本の劣化は緩やかに進行するものであるため、企業は対応が必要な具体的リスクとしては認識しづらく、事業戦略や投資の検討や意思決定のプロセスにおいて、中長期的な環境劣化を議論の俎上に載せる意識を持つことも難しい。長期間同じ場所で同じ事業に従事する現地のスタッフや地域住民などは自然資本の劣化やその事業への影響に気づいたとしても、局地的な認識に留まってしまい、意思決定者や意思決定のタイミングでの本社サイドとの問題意識の共有がされにくい面もある。

他方、ネイチャーポジティブという考え方に基づいて企業活動を見直す場合、ビジネス機会の把握も重要である。ネイチャーポジティブに挑戦している他社の先行事例に関する情報は、企業内でより前向きに取り組む機運を醸成するためには不可欠である。

これまでは、この概念自体が新しいこともあり、必要な情報を網羅的に収集して現状を把握し、自社の活動を分析した上で、企業として具体的に何をどのように進めるべきかという指針や計画を持つことが困難であった。しかし、状況は大きく変わってきている。

企業の具体的対応の検討に向け、整いつつある環境

環境分野での企業の対応とイノベーションの促進における特徴の1つが、2030年、2050年といった中長期的な将来目標やロードマップを策定し、そこにファイナンスを引き寄せることで、ビジネスやイノベーションを後押しするというスタイルである。ネイチャーポジティブも同様に未来のニーズが可視化されてきたことで、ビジネスにおける1つの潮流となる環境が整いつつある。

ネイチャーポジティブの取り組みにおいて参照できるものとして、第1に国家間や各国政府が

策定する戦略やロードマップ、第2に自然関連財務情報開示タスクフォース（TNFD：Taskforce on Nature-related Financial Disclosures）に基づく各企業の開示情報、WEFや「持続可能な開発のための世界経済人会議」（WBCSD）の当該分野の報告書などがある。

第1の国際会議や政府による戦略やロードマップについては、2022年12月に世界全体での2030年までの目標を設定した「昆明・モントリオール生物多様性枠組」が生物多様性条約第15回締約国会議にて採択された。同枠組みは各国に独自の戦略の改定や策定を求めており、日本は2023年3月、「生物多様性国家戦略2023－2030」を閣議決定、中長期のロードマップを示すとともに、行動目標についての具体的指標も決定している。

第2のうち、TNFDは気候変動も含む包括的な環境制約を対象とするもので、自社の環境管理の範囲を超えて、調達から廃棄までのビジネスライフサイクル全体における自然環境とビジネスにとってのリスクおよび機会を、財務の視点で統合的に分析し開示するためのフレームワークである。これは2020年、国連開発計画（UNDP）、国連環境計画金融イニシアティブ（UNEP－FI）、世界自然保護基金（WWF）をはじめとする国際機関やNGOが、気候変動に焦点を当てて2017年に先行的に導入された気候関連財務情報開示タスクフォース（TCFD：Taskforce on Climate-related Financial Disclosures）と類似した形で、自然・生物多様性を中心に据えた対応の枠組みとして開始したものである。2023年9月にはTNFD Version1.0※がリリースされている。

TNFDは全社的な長期環境戦略策定フレームワークとして理解するのがわかりやすい。地球環境やサプライチェーン全域といった広がりの大きいテーマとビジネスを結びつけて考える手順をわかりやすく整理しており、企業としては、TNFDの網羅的なフレームワークに沿って検討を進めるのが効率的である。TNFDは水、大気、土壌、生物圏といった自然資本の領域ごと、また産業ごとの未来のニーズや持続可能性に関するソリューションの方向性についての示唆を得るのに有用である。さらに自然資本の劣化の問題から生じるリスクのみならず、今後取り組むことになるだろう新しいビジネス機会についても開示の対象としている。すでに少なくない企業が開示に向けて準備を進めていることから、今後、各産業や他社の取り組みを把握することは容易になるであろう。

※ 用語解説

TNFD Version 1.0

FD が Financial Disclosures の略である通り、財務の視点から、各企業に自然関連のリスクと機会、目標設定についての情報開示を求めるもの。Version1.0 とあるが決して粗いものではなく、明確なフレームワークを打ち出しており、開示に取り組む企業にとっては参照しやすいものとなっている。企業には現時点で可能な範囲での開示に着手することを勧めるなど、精緻さにこだわりすぎず、まずは動き出すことを促す狙いもある。

column

ネイチャーポジティブで期待される蝶の羽ばたき

「バタフライエフェクト」という言葉がある。それ自体は無視できるほどの極めて小さな変化や出来事（一匹の蝶の羽ばたき）が少しずつ連鎖的な反応につながっていくことで、最終的には予想もつかないような大きな結果（地球の裏側での竜巻の発生）につながるというものだ。自然の複雑さを示す言葉でもある。

経済・産業活動の自然資本への影響も同様であろう。各企業の日々の活動がもたらす自然資本の変化が徐々に蓄積していくことで、気づかないうちにバリューチェーンの川上、川下までの、また一企業の活動範囲を越えた領域での自然資本の劣化や生物多様性の喪失という大きな結果につながる。しかし、逆に言えば、各企業がまず一歩を踏み出し、それぞれできるところからしっかりと着実に行動に移していくことが、最終的には自然の再興（ネイチャーポジティブ）という、ある意味では壮大な目標の実現につながるとも言える。

これから取り組みを進める日本企業にとっての最初の一歩は、まず政府が出している戦略やガイドラインに触れてみることであろう。参考になるものとしては以下がある。

・2023年3月　生物多様性国家戦略2023-2030
⇒生物多様性の保全と持続可能な利用についての日本の基本戦略。中長期のロードマップを示すとともに、行動目標についての具体的指標も策定している。

・2023年4月　生物多様性民間参画ガイドライン（第3版）
-ネイチャーポジティブ経営に向けて-
⇒生物多様性やネイチャーポジティブについての最新の国際的動向を踏まえ、前回のガイドラインから5年ぶりに改訂されたもの。主題に「民間参画」、副題に「経営」とあるように、ネイチャーポジティブの実現において重要な企業の役割に焦点を当てている。

また、環境省はネイチャーポジティブ経済への移行戦略を2023年度内に公表する。2024年以降はまさに戦略の実行フェーズに移り、企業も取り組みの加速が求められる。TNFDについても、「TNFDレポート」とインターネットで検索すると、先行企業のレポートを簡単に見つけられる。今後情報開示に対応する企業はますます増えていくだろう。

まずは政府が発表する文書や先行企業のレポートも参考にしながら、できることを洗い出し、自社なりの最初の羽ばたきを起こすことが重要である。それはやがて、企業価値の向上やネイチャーポジティブの実現という大きな結果につながることになろう。

テクノロジーの発展を織り込む

2030年、2050年といった将来を見据えるのであれば、関連のテクノロジーについても中長期的な目線で進化を予測しておくことが大切である。テクノロジーの発展をいかに想定し取り込むか次第で、自然資本への圧力や企業活動における制約が軽減、もしくは解消される時期や度合いの見込みも変わってくる。ネイチャーポジティブなビジネスにおいて自らをチェンジメイカーとして描くには、テクノロジーのロードマップを踏まえる必要がある。

今後、上記のようなネイチャーポジティブについての各国の目標やロードマップ、先行企業の戦略や取り組み事例が策定、公開されることで、それに刺激を受けたさらに多くの企業が動き始める。そして、そこにテクノロジーのロードマップが掛け合わされることで、ソリューションの核となるイノベーションが触発されるだろう。こうした中で、破壊的イノベーションによって産業の新陳代謝が進み、持続可能性を担保する「制約からの自由」を提供する新しいビジネスの登場が加速することが期待される。

ネイチャーポジティブ経済：暮らしを再考する新産業が生まれる

本節では自然資本や生物多様性への影響が大きい、つまりネイチャーポジティブで捉えた際のビジネス機会が大きい、かつ日本にとっても重要な分野として、「食」「都市における自然」「サーキュラーエコノミー（使い終わり）」「まちづくり（地域創生）」の4分野を取り上げ、トレンドや対応の方向性について考える。

「食」の再考：リジェネラティブ（環境再生型）な1次産業へ

環境負荷が大きく、生物多様性の喪失の最大の要因とされるのが、農業の拡大による土地利用の変化である。例えば、イスラエルのワイツマン科学研究所の分析に基づくと、地球上の家畜の総体重はすでに全野生哺乳類の総体重の約10倍にもなっている。[注4]この数字は人間や家畜が、野生

注4：Weizmann Institute of Science、"The Weight of Responsibility: Biomass of Livestock Dwarfs That of Wild Mammals"

生物や地球環境へ与えるインパクトの大きさを重さで示している。

人類の食が地球環境に与える負荷の削減の要請から、農業においてはリジェネラティブ（環境再生型）な農業や垂直農業、畜産においては代替タンパクや農業連携、水産業においては陸上養殖など、ネイチャーポジティブな新しい工夫を凝らしたイノベーションに注目が集まっている。

これらのイノベーションの特徴は「統合知」「テックドリブン」の2点である。

第1の「統合知」は、文字通りさまざまな知を統合して自然と向き合うことの重要性を意味する。自然環境の動態は極めて複雑で、地学・生態学・生物学・土木・水文学・化学など、それぞれの独立した知識だけで十分に理解できるものではない。近年では多くの学問領域の知識を組み合わせることで、生態系サービスやそれらの恵みのメカニズムに対する理解が加速度的に深まっている。

第2の「テックドリブン」について言えば、上記のような学問分野の知識に加え、AIやセンシング、バイオ、素材などの新しいテクノロジーを組み合わせることにより、自然への負荷の軽減と生産性の向上の両面でインパクトのあるイノベーションが生み出されつつある。気候予測、育成環境と種同士の関係性の知識の蓄積、土壌や微生物の研究や遺伝子解析、灌漑システムなどは、科学的に対応できるエンジニアリング可能な領域でテクノロジーとの相性がよい。実際、テクノロジー駆動型とも言える環境再生型農業、バイオエコノミー（自然由来の素材開発、自然由来の製薬・農薬、都市型農業、合成生物学によりつくられた自然循環）の取り組みが加速している。ビッグデータとAIを活用して自然界の相互作用を科学的に分析し、食料の生産と豊かな生物の多様性の維持が両立できるような生態系を人為的につくり出す取り組み、土壌の微生物の力を活かして土壌改善と同時に収穫の量と質の向上を図る関連資材の開発など、ネイチャーポジティブなソリューションが出てきている。

自然資本や生物多様性にかかる計測は対象となる空間が広大なため難しいものであるが、環境DNAやバイオチップセンサー、電力不使用のばらまき型チップセンサーなどの活用が必要である。ここではバイオとエネルギーの双方のテクノロジーの掛け合わせが求められる。

また、温室効果ガス排出量が少なく、水や土壌にやさしく、かつ食のフットプリントに関心を持つ消費者のニーズに応えるような1次産業も生まれ始めている。人口増や新興国の食の多様化、高度化に伴い、タンパク質の需要は増大するが、従来型の畜産で対応すると自然資本の劣化や温室効果ガスの排出が促進されることになる。そこで、新たなタンパク源として培養肉や代替肉の開発、陸上養殖などの研究が進んでいる。これらはエンジニアリングやテクノロジーの塊である。

この「統合知」と「テックドリブン」を掛け合わせることで、自然環境への理解を深め、人間がそれをよりよい方向に「デザイン」することも可能になってきている。日本の1次産業は規制業種であると同時に、従事者の急激な減少という課題にも直面している。天候や疫病というコントロールできない要素に成果物の出来がゆだねられる不安定な状態が続いてきた産業でもある。ここに上述のような学問領域の知見とテクノロジーを総合的に持ち込むことができれば、1次産業は現場発想でのすり合わせに長けている日本の強みが発揮できる産業になるだろう。

「都市における自然」の再考：環境との共生に価値を見出す新たな都市インフラ

多くの都市では現在でも、林やため池だった場所が伐採や埋め立てによって宅地や工場、倉庫に変わるなど、地域の自然の人為的な改変は続いている。都市開発における土地利用の変化や環境破壊は地域の自然資本の劣化の大きな要因であり、対策が急務である。

都市開発においては、従来型のコンクリート・ジャングルと形容されるような都市のあり方の見直しは進んでおり、自然との共生や生物多様性を実現するまちづくりの考え方が取り入れられてきている。植物を配置した建物の屋上や壁面、街路樹、公園などをつなげて生物多様性に配慮したグリーンな回廊を配置するといったことに加え、従来はコンクリート製であった都市インフラを自然由来のアイデアや素材で設計するような取り組みもある。オランダでは、バス停の屋根の上を在来種の花々で緑化することで、花粉媒介を行う蜂や蝶の住処を提供している。

また、自然は人為的な区画に縛られることなく周囲と影響を及ぼし合っているため、都市の開発プロジェクトにおいても、都市や特定の区画を越えて、隣接する地域の自然環境に配慮することも重要になる。開発後の新たな生態系ネットワークが、開発する地域とその周辺においてどのようなものとなるかを具体的に可視化、定量化するため、地上における生態系や生物多様性についての情報、さらに衛星の高解像度データから得られる情報などを広く収集し、ビッグデータとしてAIで分析することもできる。

日本では、都市の中において自然が豊かで生物多様性の保全に貢献している場所を「自然共生サイト」（OECM）という形で民間の保護地域として登録し、自然の価値を見える化して積極的に保全に取り組む動きも始まっている。

人によって魅力に感じる都市のあり方はさまざまであるが、今後は、人工物よりさらに長く機能が維持される自然資本で構成される社会インフラへの投資を積極的に行い、自然と共生して落ち着きを感じさせるようなまちづくりも重要性を増すだろう。都市についての新たな提案としては、「バイオダイバー・シティ」（BioDiverCities）という概念も出てきている。都市を構成する社会と人工物、自然の3つの主体のバランスを再評価し、自然豊かなスマートシティに変革する考え方で、WEFもネイチャーポジティブ経済の主要テーマの1つとして取り上げている。都市開発に適用される環境配慮型の技術には、水や廃棄物の処理・無毒化、節水をはじめとする省資源などがあり、すでに環境ビジネスとしての実用化が進んでいる領域である。新たな課題解決のあり方として、グリーンインフラ（自然が本来有する機能を活用した社会インフラ構築）、ネイチャー・ベースド・ソリューション（自然の力で社会課題を解決するための新しい自然のデザイン）、バイオミミクリー（生命や自然界の仕組みから学び、模倣して課題を解決する手法）といった、生態系、自然や生物の力を工学的に応用する手法も注目されている。

「サーキュラーエコノミー（使い終わり）」の再考：需給情報をつなぐ循環型経済の実現

われわれの経済や消費活動から出る廃棄物は、自然環境を劣化させる要因の1つである。企業は商品やサービスを生活者に届けることには熱心であったが、生活者も含めて、使い終わったあとのことまでは十分に注意を払っていなかった面があった。ただ、近年は環境負荷を軽減する循環型社会づくりを目指した取り組みが活発化している。

消費財やオフィスで使用される財については、リユースやリサイクル、シェアリングのためのマーケットプレイスとそれを機能させるための物流が整備されており、利用者が次々につながることが日常化している。これらに関連するビジネスがさらに進化し、取り扱われる商品も拡充して回収率も高まっていけば、デジタル製品や家電製品もリサイクルやリユースを前提にした新しい設計を迫られるだろう。

サーキュラーエコノミーの取り組みは欧州で先行しており、街の中での資源の自給自足を実現すべく、循環型経済※に向けた具体策の検討と社会実装が進められている。例えば、オランダのアムステルダムは2050年までに完全な循環型経済を達成するという野心的な目標を打ち出している。

そして、日本の地方自治体でもサーキュラーエコノミーに対する意識は強まっている。以下では、いくつかの事例を見ていこう。

日本で最初にごみゼロ宣言をした徳島県上勝町では、一般的にごみとして処理されるモルトなどの残渣《ざんさ》や廃液から液体肥料をつくり、その肥料を麦や米の栽培に活かすといった取り組みもなされている。上勝町以外にも福岡県大木町、熊本県水俣市、奈良県斑鳩町、福岡県みやま市などがごみゼロ宣言を行っている。ごみを減らすのではなくゼロを目指す上では、従来はごみとして処分されていたものでも再利用する用途を見つける必要がある。市町村や業界・業者の壁を越えて需給情報をつなぎ合わせることによる、資源循環の効果増大も期待される。

さまざまな資源の調達を海外に依存する日本の環境を考えると、経済安全保障の観点からも、環境配慮と資源循環を実現するシステムをできる限り広域で構築していくことは有意義であろう。

続いて、食品のサーキュラーエコノミーを見ていく。食品は単価が安く、ビジネスとして成立させるためには一定の扱い量が必要であると同時に、食中毒などを防ぐ衛生管理も厳格に求められるなど、いったん不要とされた食品の循環には難しさが残っている。神奈川県鎌倉市ではフードロスを減らすために食品ロス削減協力店を募り、

※ 用語解説

循環型経済（Circular Economy）

製品の長寿命化、リユース、リサイクルなどの取り組みを通じて、資源の投入・消費・廃棄を最小限に抑え、自然資本への負荷を低減し、その持続可能な利用を目指す経済のデザイン。使用後の資源や製品は廃棄物ではなく、リユース、リサイクルなどで再び価値化される対象として捉えられる。企業はこれに対応した事業モデルを構築することで、気候変動や資源不足などの影響を軽減、回避できるほか、ブランド価値の向上を図ることもできる。

持ち帰りや少量オーダーを促し、コミュニティ通貨を活用したキャンペーンを実施するなどして、発生源で食品残渣《ざんさ》を出さないような取り組みに挑戦している。

食品を適切なタイミング・場所・経路・価格で提供するためには、テクノロジーを活用して解像度を高めた形でバリューチェーン全体の状況を把握する必要がある。より具体的には、農場や養殖場の食材の供給可能量、小売店における在庫状況と需要、フードバンクにおける需要、食品加工キッチンや転用するリサイクルセンターの稼働状況、キッチンカーの所在、気象・交通・イベントなどの副次的情報、といった情報である。これらの食料残渣《ざんさ》や廃棄食品への需要と供給にかかわる情報が統合されれば、バリューチェーンの関係者それぞれの意思決定も速やかになり、食における無駄も効率的、効果的に減らしていける。

「まちづくり（地域創生）」の再考：デジタル時代の地域の強みの活かし方

人口減少局面にある日本にとって、時間とともに地域の基礎的なサービス水準が維持できなくなる中、持続可能な地域づくりである地域創生は大きな課題である。本項では、地域の長所とも言える地理的特徴や独自の自然資本を活かす形での、サステナビリティの高い戦略的な地域づくりを考える。

地の利を活かした地域創生と言えば、自治体が音頭を取り、地域の金融機関や企業、大学などによる産官学の連携によって地域ブランドを育てようとする取り組みがある。例えば、水源地からの扇状地に特徴づけられた地域であれば、標高の順に森林・牧畜・果樹園・田畑と遷移するエコトーンから生み出される自然の恵みを道の駅や駅前のレストランで提供する。これによって観光客を呼び込むなど、地域に新たな需要を創出するストーリーを描ければ、企業や起業家の関心を惹起して、さらに新たなアイデアが地域を盛り立てるという好循環が生まれ出す。例えば、栃木県那須塩原市や福岡県うきは市などは扇状地の自然の恵みを活用して賑わいをつくり出している事例と言える。

まちづくりの方法論として、米国ポートランドの取り組みが注目されている。そこでは、市街地の街区というローカルな視点から地球環境課題に取り組む際の検討や進め方の枠組みとして「エコディストリクト認証」が生まれ、地域主導の再生の方法として、世界各地にプロジェクトが展開されている。

地域創生の取り組みのスピードを上げるという点ではテクノロジーの活用も不可欠である。A

Iであれば、さまざまな地域における自然資本の活用方法について学習したAIと対話したり、そのプラットフォーム上でシミュレーションしたりするなどの方法が有効である。また、現在では、地域の動画像をデジタル化してバーチャル上で再現した仮想空間（メタバース）をつくることができる。例えば、EUは、BIODT（Biodiversity Digital Twin）を立ち上げて、自然資本や生物多様性についてのさまざまなテーマ（例えば、種の反応、外来種の影響、遺伝資源、花粉媒介など）について、生物多様性の動態シミュレーションや、持続可能な未来をデザインするデジタル・プロトタイプ・モデルをつくるオープンコミュニティを提供している。これにより、生物多様性の保全やネイチャーポジティブの実現に向けたソリューション開発を促す狙いである。

ブロックチェーン技術を持続可能な社会づくりに適用しようとする試みもある。その1つが再生金融（ReFi：Regenerative Finance）の考え方である。現在、ReFiについての自律分散型組織（DAO：Decentralized Autonomous Organization）コミュニティが立ち上がっている。オンラインプラットフォーム上で資金調達やキャパシティ・ビルディングなどの支援を得る形で、気候変動対応や生態系の保全、自然再生などのプロジェクトが提案されており、そこに人材を呼び込もうとしている。

同様に、メタバースを舞台に、地域創生に関心を持つ、また当該地域に愛着を持つイノベーターや起業家を世界中から募るＤＡＯをつくることもできるだろう。そこでは、自治体であれば地域の魅力を伝えるマーケティング用の動画像などの素材づくり、不動産事業者やデジタル事業者であれば地域の賑わいをデザインするシミュレーションの技術開発といったプロジェクトを、非中央集権型に共創していくことができるだろう。実際、日本国内でもこうした地域創生ＤＡＯの検討の動きは広がっている。

理想的な姿は、あらためて光を当てられた自然資本の魅力に惹きつけられたリーダーが地域にわくわく感をもたらし、イノベーターを集め、民主的で透明性のある意思決定を行い、若い地域のファンをつくっていく地域創生である。地域ならではのネイチャーポジティブな産業を含め、地域の自然資本の活用のあり方をまるごとパッケージ化し、それによって地域の資産価値が上昇する絵姿を見出すことができれば、資金やイノベーターなどの人材も集まり、そのコミュニティを中心に地域のネイチャーポジティブに向けた変化は加速していくであろう。

第7章

問い直されるウェルビーイングのあり方

本章の point ウェルビーイング

point 1

人生 100 年時代を迎え、テクノロジーの進化により「豊かさ」や「幸せ」の定量化が進展する中、ウェルビーイングのあり方に向き合うべき時代が到来している。

point 2

データに基づくウェルビーイングの可視化を進める中で、多分野の複合的な知性を活用しつつ、人間を中心とする考え方の下で人間と AI の協働を模索していく必要がある。

point 3

日本は人間とテクノロジーの共存を受け入れる国である。多様性と共存の価値観を調和させつつ、国家や企業として実態に即した「日本らしさ」のあるウェルビーイングの実現が求められる。

世界各国で高齢化が進展し人生100年時代を迎える中、人々の幸福や豊かな暮らしを追求するため、ウェルビーイング※のあり方に向き合うべき時代が到来している。ウェルビーイングの定義は時代、環境、国、社会によって異なり、かつ変化を重ねてきた。「豊かさ」や「幸せ」の定義は感覚的かつ定性的なものであり、制度や社会が十分に対応しきれていない。こうした中でも、近年はデジタル化やテクノロジーの進化により、「豊かさ」や「幸せ」の定量化・見える化が実現できるようになってきた。以下では、日本をはじめとする国家および企業に問い直されるウェルビーイングのあり方について議論したい。

ウェルビーイングの歴史・経緯

ウェルビーイングが求められる背景

近年、健康や生活の質を高めるためのアプローチとして、ウェルビーイングの考え方が頻繁に用いられるようになってきた。ウェルビーイングの概念は時代とともにその意義や重要性、主要な論点を変えてきた。経済的な豊かさや成長を追求する過程では、効率や利益を最優先する姿勢が確立されたが、それと並行して社会的な格差や環境問題も顕在化した。さらに新たな危機としての新型コロナウイルス感染症によるパンデミックが世界を覆い、人々の常識や価値観に新たな変革をもたらした。パンデミックの影響下でリモートワークが一般化し、関連してウェルビーイングがクローズアップされている。リモートワークの普及は、「働く場所」という概念だけでなく、日常の生活様式も変革した。家庭と仕事のバランス、自己の心身の健康や幸福を重視する考え方が拡大し、経済的側面だけでなく、ウェルビーイングを基盤とした考え方が国家の政策のほか、企業や個人の意識にも定着しつつある。

ただしすでに述べたように、人間の進化や時代の変化によってもウェルビーイングについての考え方は多様な影響を受ける。A

※ 用語解説

ウェルビーイング

身体の健康状態が良好といった肉体的な面だけでなく、個人の心の平和や安定、人間が持って生まれた本来の豊かさも含め、精神的かつ社会的にも満たされた状態を指す概念である。近年はウェルビーイングが個人の幸福感や健康だけでなく、よりよい組織や社会づくりの文脈でも用いられている。ウェルビーイングの追求が持続的な発展にも寄与するという考えにシフトしてきており、最近では個人のみならず企業はじめ多くの組織がウェルビーイングにコミットしている。

Iやその他のテクノロジーの進化が人類の生活様式の進化を加速させることとなり、ウェルビーイングの維持や向上を複雑にする。今後もウェルビーイングに対する考え方は社会のメガトレンドの影響を受けつつ見直され、絶えず変化することが予想される。こうした急速な変化が私たちの健康や幸福感にどのように影響し、それらに私たちはついていけるのかといった論点が、社会の将来像を考える上で不可欠な議論となっている。

世界におけるウェルビーイングを取り巻く環境

ウェルビーイングを取り巻く動きを見ると、これまでは世界保健機関（WHO）が提唱するウェルビーイングの概念が公衆衛生の方針策定における中心的な役割を果たしてきた。1947年に採択されたWHO憲章の「健康の定義」によると、健康とは「病気でないとか、弱っていないということではなく、肉体的にも、精神的にも、そして社会的にも、すべてが満たされた状態（well-being）にあること」（日本WHO協会訳）とされる。この定義は、ウェルビーイングを多角的に捉え、個人の精神的・肉体的・社会的な側面を包括的に考慮していると言える。WHOの健康に対するアプローチは、単に疾病や障害の不在に留まらず、「肉体、精神、社会的な側面が調和している状態」を目指している。こうした視点はＷＨＯが推進するさまざまな取り組みの核心となっており、保健、教育、経済、環境といった多様な分野の協力と協働の下で推進されている。

世界的には、２０３０年までの達成を目指す「国際連合の持続可能な開発目標」（ＳＤＧｓ）の17の目標の1つとして、「すべての人に健康と福祉を（Good Health and Well-being)」とのテーマが示されている。２０３０年以降のポストＳＤＧｓにおいては、「ウェルビーイング」を中心的な目標とする方針を検討すべきと唱える有識者もおり、これが実現すれば、国際的な基準としてウェルビーイングが政治から行政、産業および企業へ影響することになろう。各階層での達成目標（ＫＰＩ）の設定、具体的な取り組みの開始、その進捗の公開が求められるようになり、政策の方向性が大きく左右されることになる。

また、２０２１年の世界経済フォーラム年次総会（ダボス会議）のテーマとして、新型コロナウイルス感染症や技術革新の影響で現れた新しい問題に対処するため、現在の社会や経済システムを一度リセットし再構築する「グレート・リセット」※が提案されている。同フォーラム創設者のクラウス・シュワブ会長は、第2次世界大戦以降に築かれた社会経済システムが多くの環境問題を引き起こし、持続可能性の観点から脆弱であると指摘している。この解決策として、人々の幸福、すなわちウェルビーイングを中心に据えた経済モデルへの転換の必要性を強調した。この動きは、経済成長や物質的な繁栄だけを追求する従来の価値観から、人々が実感する幸福や生活の質を重視する新しい価値観へのシフトを示唆している。

このようにウェルビーイングを重視する社会や経済では個人の幸福追求の行動や選択だけでなく、環境や社会全体の持続性にも寄与しつつ、それらを実現するための支援の責任が各レベルで問われるようになると考えられる。

日本におけるウェルビーイングを取り巻く環境

日本におけるウェルビーイングを取り巻く環境はどう変わってきているのだろうか。経済についてみれば、１９９０年のバブル崩壊以降の長期停滞では多くの企業が経営難に陥り、その影響は失業率の悪化や賃金の停滞といった形で雇用や労働者の

※ 用語解説

グレート・リセット

現在の社会全体を構成する金融や社会経済などのさまざまなシステムを一度すべてリセットし、再構築することを示す。われわれの生き方や働き方は、これら既存のシステムに大きく影響を受けているが、近年はAIや5G、ブロックチェーンなどの急速な技術革新により不公平な格差拡大に直面している。さらに、2020年以降の新型コロナウイルス感染症の流行によって世界経済や社会が大きな打撃を受けたことを契機に、グレート・リセットはより持続可能で公平な社会を実現するため、既存のシステムや価値観を見直し、新たな仕組みの構築を目指す考え方として注目されている。

待遇に長期的に悪影響を及ぼした。終身雇用の伝統は風化し、雇用形態の多様化が進行しており、正社員のほか、非正規社員やフリーランスといった形態は日常的に見受けられるようになった。さらには高齢化とグローバル化の波が押し寄せる中、高齢者や外国人などの多様な人材の受け入れが求められている。また、伝統的な「メンバーシップ型」から「ジョブ型」雇用へのシフトが見られ、プロジェクト型の仕事の進め方が主流となり、短期間で人間関係を構築することの重要性が増すなど、劇的な変化に直面している。

こうした中、日本政府は、内閣府による科学技術・イノベーション分野の政策として掲げる「ムーンショット目標」において、すべての目標は「人々の幸福（Human Well-being）」の実現を目指す方針を打ち出している。また、「経済財政運営と改革の基本方針2021」（骨太方針2021）においては「政府の各種の基本計画等について、Well-beingに関するKPIを設定する」とされ、2021年に「ウェルビーイングに関する関係省庁連絡会議」が立ち上がった。文部科学省の中央教育審議会は、2023年に次期教育振興基本計画のコンセプトとして「日本社会に根ざしたウェルビーイングの向上」を提起している。このコンセプトでは、1人ひとりのウェルビーイングの確保、持続可能な社会のつくり手としての子ども・若者の育成といった個人の幸福とともに、共感的・協調的な関係性に基づく地域コミュニティの基盤の形成など、個人を超えた社会幸福の向上といった内容が示されている。

日本の労働環境は長らく、低い労働生産性と長時間労働の課題に直面しており、これが労働者のウェルビーイングを阻む要因の1つとなってきた。2020年のデータによれば、日本の労働生産性はOECD36カ国中で23位、G7諸国中では50年間最下位に位置している。また、日本の職場のエンゲージメントが国際的にも低いとの指摘も多く聞かれる。しかしながら、近年政府の残業抑制努力が実を結び、2018年以降労働時間は減少している。労働時間を減らしつつ、労働者の能力を高めることが生産性向上だけでなく、ウェルビーイング向上にも寄与するものとなる。ウェルビーイングへの投資は、経営にとって資源の無駄遣いと考える向きもあったが、従業員の幸福感とエンゲージメントを高めることは、国際社会からの評価を改善するとともに、労働者の幸福感や生活の質の向上が期待でき、組織全体のパフォーマンス向上につながる。したがって、企業が目指すべきウェルビーイングのあり方は経営視点での見直しが必要なテーマであり、今後は社会のウェルビーイングとビジネスの関係はさらに密接になるであろう。日本の企業は労働環境の改善によるウェルビーイングの向上を経営戦略の一部として重視することが求められていると言えよう。

ウェルビーイングの将来像

先行きが見極めがたく不確実性が高いＶＵＣＡの時代において、どのようにウェルビーイングは変化していくのだろうか。テクノロジーにおける転換点（シンギュラリティ）が到来する時期ともされている２０４５年の前後を跨いだ今後30年は、世界が未曾有の変化と不確実性に直面する時代となることが予想される。気候変動や自然災害の増加、世界情勢の変動などさまざまな外部要因がウェルビーイングを脅かす可能性がある。こうした環境下、企業として見極めるべきウェルビーイングの方向性を考察する際にカギとなるテーマとして、(1)「複合的な知性」を通じたウェルビーイングの追求、(2)データの進化、(3)ウェルビーイングの可視化、(4)ＡＩと人間の協働、が重要である（図表7-1）。以下では、それぞれについて見ていこう。

図表7-1 ウェルビーイングの現在地と将来像

現在地		好機	課題
	外的環境	● 社会課題としての認知の高まり ●「心の豊かさ」重視の価値観の拡大 ● 若年層の「自分らしさ」による幸福追求 ● ヘルスケアデータの取得と蓄積 ● 精神面の測定と可視化の取り組み	● 価値観の多様化速度とウェルビーイング普及速度の乖離 ● 社会情勢変化のウェルビーイングに対する影響評価が困難
	組織環境	● ウェルビーイングの経営ビジョンや中期経営計画への取り込み ● チーフ・ウェルビーイング・オフィサーの配置に見られるリーダーシップのコミット ● 組織内のウェルビーイング意識の深化 ● 従業員満足度や生産性向上などの期待	● 重要な意思決定時のウェルビーイング視点の欠落 ● 調査結果からのアクションへの橋渡しのギャップ ● 費用対効果の評価が困難 ● ウェルビーイング専門家の不在 ● 組織ニーズに応じた測定ツールの不足

将来像

ウェルビーイングのコントロール

さまざまな専門分野の知性を活用して継続的な内外環境をもとに戦略的な洞察を深める。データの進化がウェルビーイングの可視化の流れを加速させ、施策の実践が拡大していく。AIと人間が協働して実践し、その結果を評価するアプローチが用いられる。

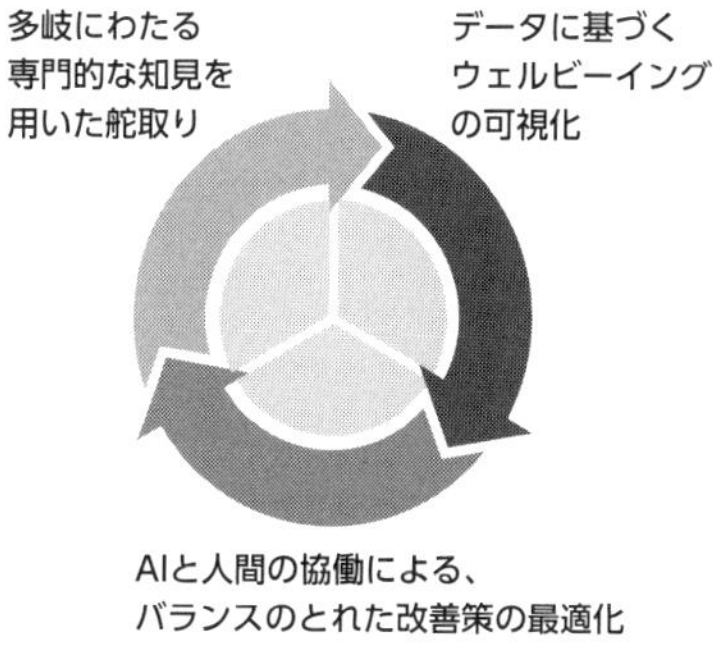

（出所）筆者作成

「複合的な知性」を通じたウェルビーイングの追求

それぞれの企業が直面する状況や抱える課題は千差万別であるため、ウェルビーイングを具現化する画一的なアプローチは存在せず、将来的にも容易には生まれないであろう。未来のウェルビーイングを志向するための舵取りを担うのは「複合的な知性」である。ウェルビーイングを追求するためには、経営戦略やオペレーション、人事、サプライチェーン、会計などの伝統的な経営分野での考察に止まらず、哲学、心理学、脳科学、医学、倫理学、経済学、テクノロジーといった多岐にわたる分野からの多面的な洞察が要求される。異なる専門分野の知識を統合し、複雑な情報から内外の環境を分析・評価しつつ深い洞察を導き出し、変化に対して適切かつ継続的に組織のウェルビーイング戦略を深めていく必要がある。

さらに、分析結果を基にした戦略の策定と、その定期的な評価・改善、組織の活動や成果をステークホルダーに伝え、そのフィードバックによってウェルビーイング戦略を継続的に最適化するコミュニケーションが重要となる。戦略策定のスタートラインは、組織のウェルビーイングを高めるための具体的な目標設定である。現在利用できる指標としては、従業員のエンゲージメント、生産性の向上、離職率の低減などが挙げられるが、データの拡充やエビデンスの蓄積に伴って将来はさまざまな指標が開発され、経営戦略と一致したものを選択しやすくなるだろう。ここでの取り組みの効果を次回の計画策定や戦略の見直しに反映し評価とフィードバックにつなげるサイクルは欠かせない。ウェルビーイングの状態は常に変化するため、継続的な評価と改善のサイクルを持つことが、ウェルビーイングの維持・向上につながるからである。

ステークホルダーとのコミュニケーションにより、企業としてのウェルビーイングの取り組みや成果の共有が可能となり、信頼関係の構築や透明性の向上が期待される。特に従業員は企業のウェルビーイングの取り組みや方針を理解しているため、そのフィードバックを通じてエンゲージメントの向上や問題の早期発見が可能となる。顧客、取引先、投資家、地域社会とのコミュニケーションを通じて、企業のウェルビーイングの取り組みの価値を伝えることで、これらの関係の強化や企業に対する評価の向上に寄与することができる。

データの進化

現在は、心身の不調による欠勤や休職への対応やストレスチェック、生活習慣に対する介入など、それぞれの施策が統一性を欠いており、費用対効果が明確でないため持続的な取り組みが難しい状況が続いている。しかし、将来的にはデータ基盤の発展や関連法規の整備を前提に、ヘルスケアを中心にしてさまざまなデータの連携と開示が進められることになるであろう。つまり心身の健康や価値観、行動特性、パーソナリティといった多岐にわたる情報が一元的に集約され、データに基づくウェルビーイングの可視化が進展すると考えられる。また、企業においても業績評価や勤怠などの人事データや購買、組織内SNS等に見られる個人の行動や価値観が統合・連携されることで、個人の生活全般に関するウェルビーイングの課題を心身から社会的な側面まで多角的に捉えることが可能となる。その結果、生活習慣、仕事、人間関係など、多岐にわたるアドバイスやサポートが提供され、各人の性格に応じて「効果的な与え方」まで変えられるようになる。これにより企業にとっては費用対効果や生産性向上への寄与など、施策の効果が明確にわかるようになるだろう。さらに、解析技術の進化により、個人の価値観やキャリア志向、健康状態等に応じて最適なウェルビーイングをレコメンドすることも可能となり、ウェルビーイング施策の費用対効果が具体的な数値として把握可能となることが期待できる。

ウェルビーイングの進化は医学の発展と非常に類似している。過去の医療は「オピニオン・ベースド」と呼ばれ、医療提供者個人の意見や推測（エキスパート・オピニオン）が中心であった。

だが近年は「観察研究」や「介入研究」といった最新の科学的証拠をもとに治療法を選定するアプローチである「エビデンス・ベースド・メディスン（EBM）」が主流となっている。さらに、医療の次なるステージとして、1人ひとりの遺伝子情報やライフスタイル、体質や病状に適した治療法を選択する「個別化（パーソナライズド）医療」に焦点が当てられており、現在この個別化への移行が進行中である（**図表7-2**）。

現在のウェルビーイングの進化と発展についてみれば、利用可能なデータとエビデンスが徐々に増え始めた初期段階にある。今後エキスパートの意見中心の医療から体系的なエビデンスを基盤としたアプローチへ医学が移

図表**7-2** | **ウェルビーイングの発展段階**

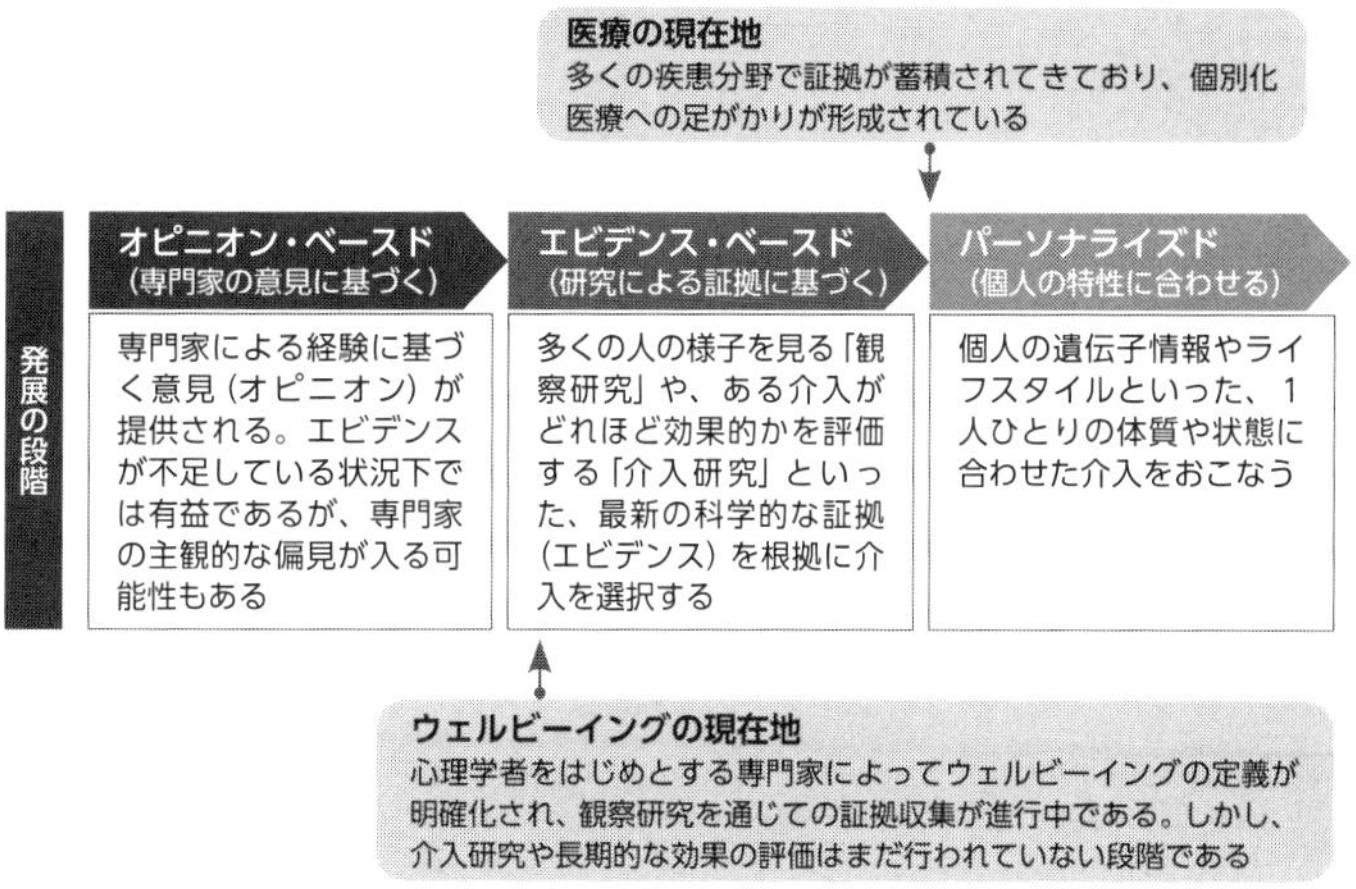
医療の現在地
多くの疾患分野で証拠が蓄積されてきており、個別化医療への足がかりが形成されている
発展の段階
オピニオン・ベースド
（専門家の意見に基づく）
専門家による経験に基づく意見（オピニオン）が提供される。エビデンスが不足している状況下では有益であるが、専門家の主観的な偏見が入る可能性もある
エビデンス・ベースド
（研究による証拠に基づく）
多くの人の様子を見る「観察研究」や、ある介入がどれほど効果的かを評価する「介入研究」といった、最新の科学的な証拠（エビデンス）を根拠に介入を選択する
パーソナライズド
（個人の特性に合わせる）
個人の遺伝子情報やライフスタイルといった、1人ひとりの体質や状態に合わせた介入をおこなう
ウェルビーイングの現在地
心理学者をはじめとする専門家によってウェルビーイングの定義が明確化され、観察研究を通じての証拠収集が進行中である。しかし、介入研究や長期的な効果の評価はまだ行われていない段階である

（出所）筆者作成

行する中で、将来的にはウェルビーイングについてもパーソナライズドなアプローチがより可能となるであろう（**図表7-3**）。ウェルビーイングでは心身の問題のみならず、精神や社会的状態も考慮されるため、医学以上に個人の違いや時間の経過による変化が大きく、理想的なウェルビーイングを追求するための手法を継続的に模索するニーズは多様であると言える。ウェルビーイングがパーソナライズドの段階まで発展すれば、心身の疾患を対象とする医療と、精神的、社会的に良好な状態を求めるウェルビーイングは同時に扱われるようにもなる。特定の治療法を選択する際には身体面のみならず、精神的、社会的な状態も考慮されるようになるほか、健康診断の

図表**7-3**｜**ウェルビーイングにおけるデータの統合・連携の発展プロセス**

データの統合・連携の発展段階	データの種類（例）	ウェルビーイングへの貢献
基本的な健康データの収集	ライフログデータ（体重、血圧、歩行数など）	● 個人の健康状態の日常的な把握と管理 ● 生活習慣や食事、運動の調整
専門的な医療データの導入	心電図、医療画像、アンケート、問診結果などの詳細な医療データ	● 健康面からウェルビーイングを向上させる福利厚生プログラムの推進 ● ストレスチェックの結果に基づく介入の実施
多面的な情報の統合	組織行動（評価や欠勤などの人事データ）、個人の行動や感想（購買、SNS等）と医療情報の複合データ	● 施策の費用対効果と生産性向上の明確化 ● AIによる価値観、キャリア志向、健康状態に合わせた最適なウェルビーイングのレコメンド
高度な医療情報の完全統合	ゲノム情報、疾患進行データなどの高度な医療情報。データの統一性や連携の問題が解消	● AIによる健康、予後、能力、性格、行動特性の前向きな予測 ● 個人の人生選択に最適なレコメンドの提供とウェルビーイングの自動最適化

（出所）筆者作成

項目にウェルビーイングが組み入れられ、医療従事者から改善のアドバイスを受けられるような未来も想定される。

ウェルビーイングの可視化

ウェルビーイングの可視化は世界的なトレンドとして発展していくものと考えられる（**図表7-4**）。現時点では、日本と海外諸国の間で大きな差異は認められないが、その重要な土台となる医療データの利活用について、日本の医療情報の連携と推進の状況を見ると、海外先進国と比較して、いくつかの問題が見受けられる。

米国では、医療情報の開示と連携において、

図表**7-4**｜**データの連携と開示から、施策の効果までの流れ**

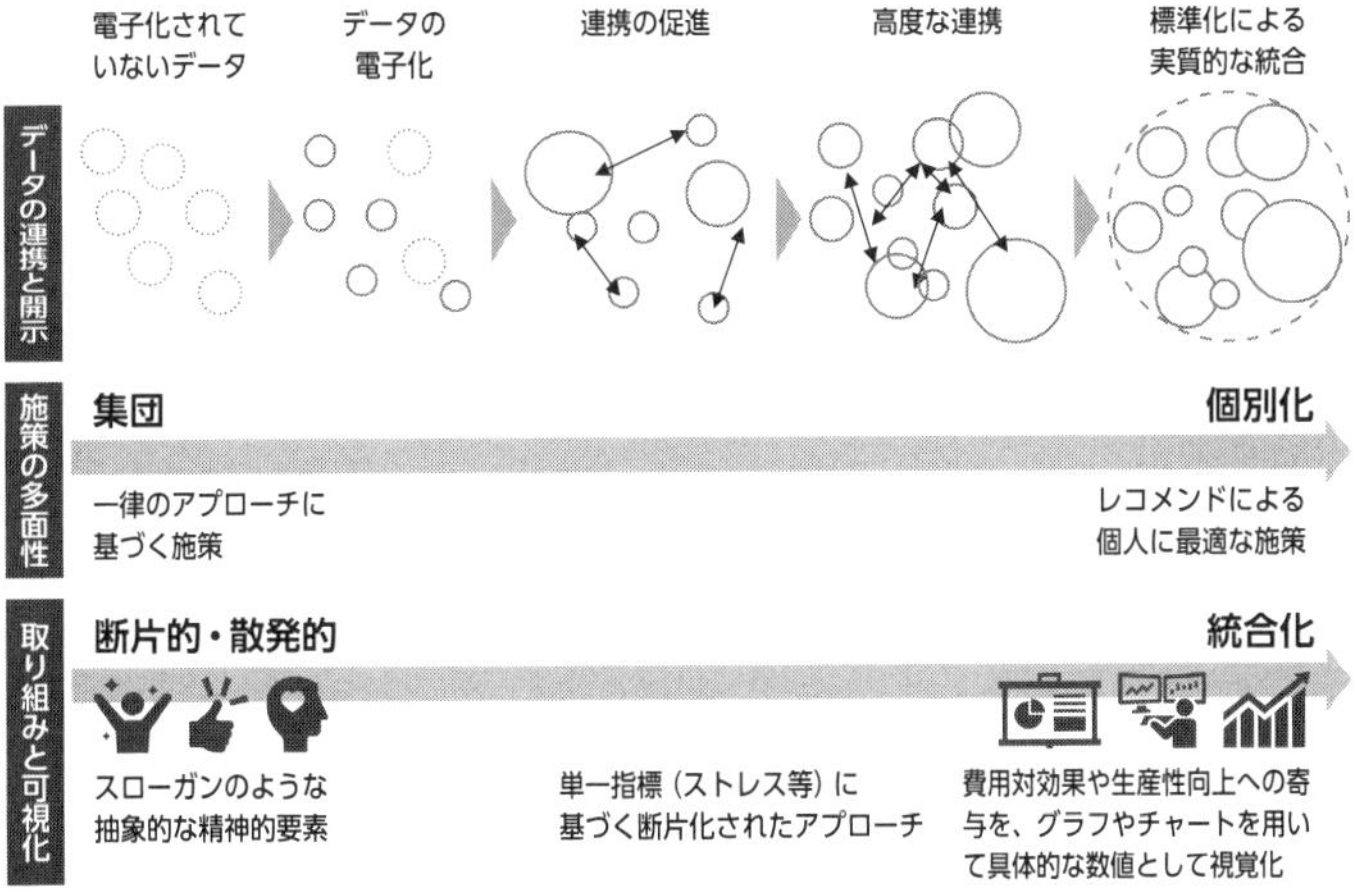

（出所）筆者作成

電子カルテの標準化が進展しており、病院内外のデータのやり取りの促進や医療情報連携の強化、個人とのコミュニケーションの改善において優れている。また、他の先進諸国では、国民の医療情報をオンライン上に記録し、アクセス可能にするような医療情報の一元管理が整備され、情報提供サービスが開始されている。

その一方で、日本では病院内の連携において一部で国際標準が適用されているものの、電子カルテの普及率※は高くなく、連携もまだ限定的である上、個人への情報提供もこれからの段階とされている。こうした中、日本政府は医療情報の開示に向けて取り組んでおり、標準化や情報ネットワークの整備が進行中であるが、特に医療情報の標準化と個人の健康データの活用においてキャッチアップが望まれる。データ基盤の発展と法規の整備がようやく見えてきた日本において、医療ＤＸの進展は医療分野だけでなく、ウェルビーイング促進のカギを握っている。

※ 用語解説

電子カルテの普及率

欧米諸国はじめ多くの OECD 諸国の病院や診療所では、患者のために電子医療記録（EMR）を導入している。OECD 24 カ国における EMR 使用率は 2021 年時点で平均 93% に達している一方で、日本は 42%に止まる。日本政府は医療 DX を推進しており、2030 年までにはほぼすべての医療機関での電子カルテ導入を目指している。ただし、電子カルテの普及率は年々増加しているものの、一般病院で 57.2%、小規模な一般診療所で 49.9%に止まる（2020 年度）。

AIと人間の協働

これまで見てきたように、連携と開示によってデータの活用が進むと、最終的にはゲノム情報や疾患進行データなどの高度な医療情報と統合されることにより、詳細かつ緻密な分析が実施できるようになる。さらに、この分析を基に、AIによって健康、予後、能力、性格、行動特性に関する確度の高い前向きな予測が可能となる。これにより、企業では採用やアサインなどの組織上の重要な意思決定にも利用できるようになり、個人の人生選択においても最適なレコメンドが提供され、ウェルビーイングが自動最適化される可能性がある。

ただし、「AIが推奨するウェルビーイング」が一般的となるに伴い、社会全体での均一化や多様性の損失というリスクに直面することも考慮すべきである。仮に人間の独自性や個別性が尊重されることなく、技術的な側面から最適化が追求される場合、社会の健全な発展や持続的なウェルビーイングを損なう可能性がある。実際、こうした予測技術が個人のウェルビーイングや将来性、例えば休職や離職の可能性などを評価し、それに基づいて採用の判断を下すといったことに倫理的な問題があると指摘する声もある。

こうして考えると、ＡＩ技術の進化とその利用は、人間を中心とする考え方や、多様性と共存の価値観との調和の中で進められるべきである。ただし、具体的な施策の策定や実施、いわゆるウェルビーイングの「ラストワンマイル」に関しては、各組織のリーダーの判断と責任に委ねられるであろう。技術の恩恵を享受しつつ、その倫理的・社会的影響に対して十分な議論と検討を重ね、人間らしい生活の質を維持・向上させる方向が模索されるべきである。当然ながら長い時間軸の中で、テクノロジーとウェルビーイングの関係性は絶えず再定義されながら、より良い方向へ進化していくことが望ましい。

column

人間とテクノロジーの共存の先に見える日本のあり方

近年日本では、少子高齢化が進展する中、急増する高齢者がいつまでも尊厳を持って生き生きと幸せに暮らす社会の実現が目指されている。ここで人間とテクノロジーの共存を受け入れる日本だからこそ、テクノロジーを活用し人間の能力を拡張する取り組みを図りながら物理的な生産性を向上させるとともに、限られた労働時間を有効活用しつつ幸福感を追求する余地が模索されよう。

日本はロボットやテクノロジーへの共感性が高い文化を有する国である。欧米諸国においてはロボットやテクノロジーは、生産性や効率性を高めるため人間が使うツールとして扱われる傾向がある。一方で、筆者の幼少期を振り返ると、人間の言語を解するロボットが人間の日常生活に受け入れられるヒーローやキャラクターとして少なからず思い起こされるように、日本人はロボットとの共存に対して抵抗が小さい性質を有しているように思われる。

例えば老人介護施設に入所した人全員に対して、各自の要介護レベルを踏まえず一律にフルのケアサービスを提供するのではなく、テクノロジーを活用し可視化されたデータを基に段階的なケアのあり方を提供する余地も検討できよう。また、自動車の運転においても、完全な自動運転化を前提とするよりは、人間の能力が及ばない領域をカバーしたり、加齢に伴い徐々に減退する認知機能の度合いに応じてサポートしたりする機能とすれば、脳の機能を有効活用しつつ、機能低下を抑制する余地も見出せるであろう。このような、人間の能力に応じて実質的なサポートを提供するあり方は、ロボットやテクノロジーとの共存を受け入れやすい文化を有する日本だからこそ模索する余地があるのではないだろうか。少子高齢化など社会的・経済的変化に向けて、まるで眼鏡をかけるようにテクノロジーを活用し、国全体としてアンチエージングを目指しつつ、世界の中で、高齢者が最も元気な国を目指す道を模索できるものと考えられる。

アフターコロナの時代、より多くの人々と豊かさや幸福感を共有するため、IoTやAI、ビッグデータといったデジタル技術の活用を通じて、新たな働き方や生活スタイルを模索する余地はある。また、心の健康やストレス管理などから、健康と社会的課題に取り組んでいくことの意義は大きい。持続可能な経済や社会の実現に向けて、社会や企業だけでなく、われわれ個人の生活にも直結するテーマとしてウェルビーイングを認識し、人間とテクノロジーとの共存の中で具体的な行動につなげていくことが重要と言えよう。

ウェルビーイングの追求：国家および企業に求められる方向性

以上、ウェルビーイングの歴史・経緯から、現在われわれが直面する実情および抱える課題、今後展望される将来像について見てきたが、最後に、国家および企業の観点から追求すべきウェルビーイングのあり方についてまとめておきたい。

国家の観点から見たウェルビーイングの追求

まず国家の観点から見れば、コミュニティの中で一体感と連帯感の育成を図りつつ共同体意識を確立していくことが重要となる。学校や職場、高齢者コミュニティに至る広範な分野で社会的孤立が問題となっているが、これは個人のウェルビーイングにも大きく関連している。「いじめ」の増加や就学課程からの離脱といった教育システムと地域に存在する問題のほか、中高年の孤立や老後生活の不確実性、キャリア転換の難しさといったことも、個人の生活において健康や幸福の質に直接関連する課題である。これらの課題を解決するために、心身両面からの強固なソーシャルネットワークの構築は必須であるが、ここで共同体意識の希薄さという根源的な課題への対応が検討されるべきである。この意識こそが、どの生活の局面においても人々のウェルビーイングを支えるセーフティーネットとなると言える。

さらには、教育の早い段階から、医療福祉制度を持続的に維持することの大切さと難しさについて国民全体の認知度を向上させるよう努める必要があろう。コロナ禍後の「新たな日常」では、海外における医師や看護師のストライキ、医療行為の予約キャンセル頻発による医療待機者の増加といった医療制度の深刻な問題とともに、医療の機能不全が国の経済にも影響を与えることが現実的な課題として認識されつつある。日本においては少子高齢化が進展し、格差の拡大、地方の過疎化、財政負担の高まりという複雑な課題に直面しているが、信頼できる医療制度を維持することにより、社会的安定性と国民の幸福感を高めることに成功した世界の模範となるであろう。

また、日本発のテクノロジーによる未来のウェルビーイングの実現に向けて、国家の観点から述べておきたい。すでに一部の企業では週休3日制の検討や導入が行われている通り、近年は労働時間の短縮化が現実的となり、ウェルビーイングを大きく向上させる余地が拡がってきている。ロボットやテクノロジーへの共感性が高い文化を有する日本では、知能ロボティクスに対する親近感と寛容性のほか、世界に類を見ない高水準のMRI普及率を活かしたブレインテックなど、日本ならではの強みや特徴を活かす余地はあると考えられる。欧米諸国に見られるように、テクノロジーを生産性や効率性を高めるツールとして捉える合理的な発想に止まらず、人間の精神的・社会的欲求の充実や幸福感の追求といった観点から、データの可視化はじめテクノロジーとの共存・有効活用の中で、日本ならではのウェルビーイング追求の方向性が見出されるように思われる。

企業の観点から見たウェルビーイングの追求

また、企業の観点でみれば、近年は組織の競争力維持のために、ウェルビーイングの概念と重要性が深く認識されつつあり、経営のビジョンや中期経営計画の具体的な目標にウェルビーイングを組み込む企業が増えている。例えばウェルビーイングを推進するための専任ポジション、チーフ・ウェルビーイング・オフィサー（CWO）の設置が行われるなど、さまざまな組織内での取り組みの具体化が進んでいる。ただし、組織の重要な意思決定に、ウェルビーイングの観点を反映する動きは十分ではなく、具体的なアクションへの落とし込みの困難さ、費用対効果の不明瞭さ、専門家の不足、そして組織ごとにマッチした測定ツールの不足など、依然として課題も多く残されている。

こうした中、ウェルビーイングを実践する際の組織リーダーの主要な課題は、「過去の成功体験」からの脱却と「新しい価値観の受容」であろう。変化が激しい社会において、過去の成功や既存の価値観に固執してしまうと新たな可能性やチャンスを見逃す原因となる。真の変化を受け入れ、それを勇敢にリードする能力が未来のリーダーシップにおいて不可欠である。企業としての活動が短期的な利益追求に止まらず、ステークホルダーに対してより深い満足を提供できているか、外部ステークホルダーとの信頼関係の強化や組織のブランド価値の向上に寄与するかが焦点となる。戦略の策定・実行、評価・改善のサイクルを通じて、企業はウェルビーイングの追求を継続的に進化させつつ、組織の継続的な成長やサステナビリティを支える基盤を築くとともに、ステークホルダーとの信頼関係の強化やブランド価値の向上が実現できるようになる。

また、企業のウェルビーイング策において、これまでの主役は正社員であったが、現在の働き方の多様化を考慮すると、正社員のみを重点に置くアプローチはいずれ過去の話とな

図表7-5 ビジネスとウェルビーイングの統合

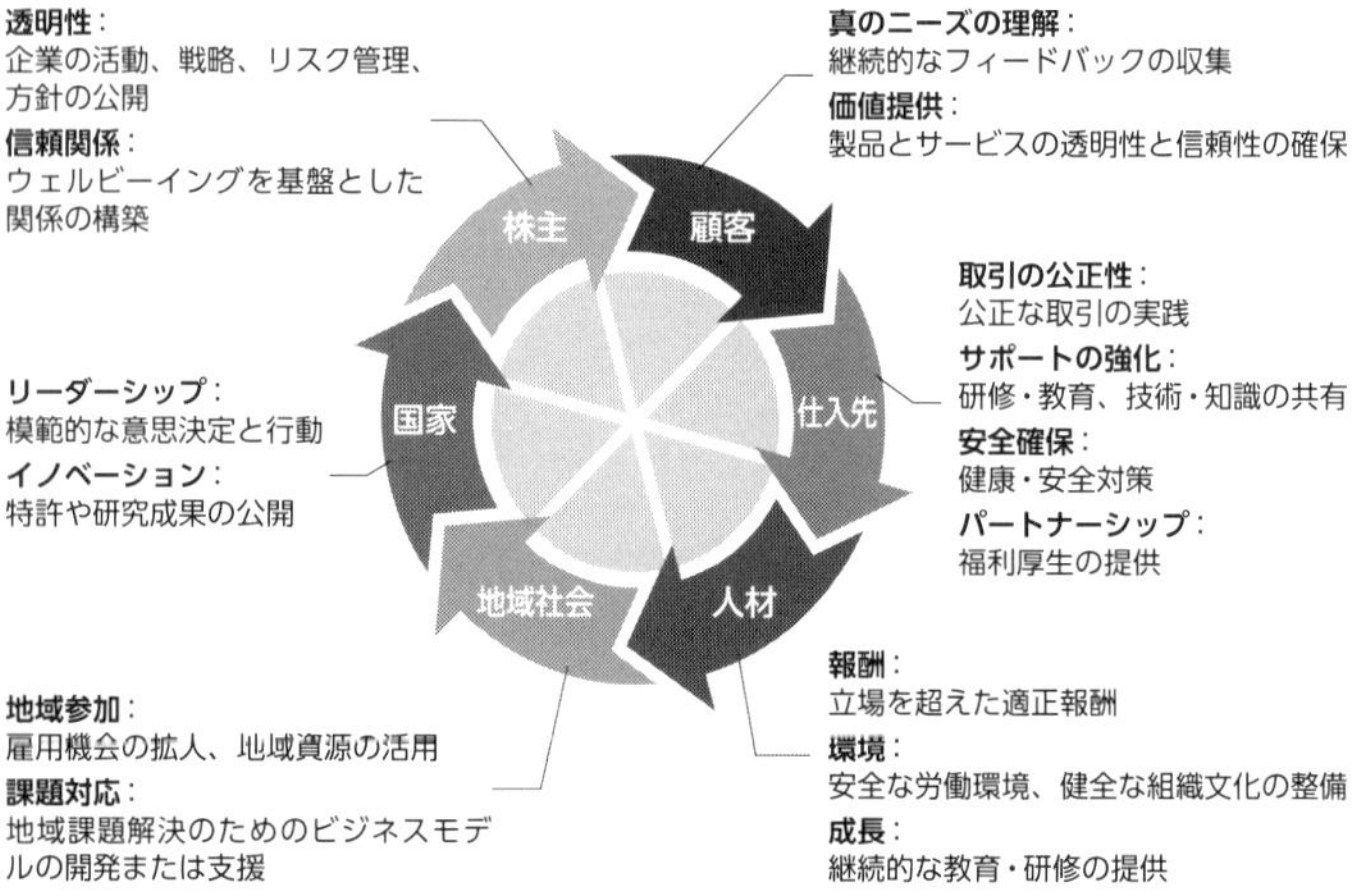

（出所）筆者作成

るだろう。すべての人々を公平かつ平等に扱う新しい時代が到来しており、従業員やその家族、顧客のみならず、株主、地域社会から聞かれる声や期待をビジョンに取り入れることが新たなリーダーシップの責務と言える。ウェルビーイングに対する考え方が確立し、充実している企業は業界内でリーダーシップを担うだけでなく、その影響力を社会全体に広げる役割が期待されよう。このような企業は、顧客に対してニーズや期待を超えた満足を与える能力と、従業員の幸福と成長を常に念頭に置く姿勢を併せ持っている。ステークホルダーとの間での信頼関係の構築にも注力し、ビジネスの成功と共に社会的価値の創出も目指す中で、共感的・協調的な関係性に基づき、より強固な地域社会の形成に貢献することができる。このように多面的な役割を果たす企業が、未来の社会を牽引する有力な担い手としての地位を確立できるのではないだろうか（**図表7-5**）。

日本企業によるウェルビーイング追求の方向性

ここで特に日本企業について考えると、先述の通り、ＡＩ技術の進化とその利用は、人間を中心とする考え方や、多様性と共存の価値観との調和の中で進められるべきと考えられる。曖昧さも大切にする日本の文化と、明確な線引きを得意とするデジタル技術のバランスにおいては、他国とは異なる「日本らしさ」があってもいいのではないだろうか。実際、伝統的な日本の企業では、日本特有の文化や価値観の下で、終身雇用制度や階層構造、コミュニケーションスタイルといった特性が根深く存在しており、現代の西洋的な経営管理システムの基本的設計思想とは異なる点が多い。例えば、特定のタスクにおいて人材管理システムが指摘する人的リソースの過不足へ対応する場合、それは、即戦力を自分の権限で外部登用するとともに過剰な人材はすぐに解雇できる権限がある環境があってこそ実現できるものであり、各部門で新入社員をローテーションさせて育成していく日本企業にはそぐわない面も少なくない。テクノロジーの発展に伴いデータの進化とウェルビーイングの可視化が進む中、単に西洋的な経営管理システムを移植するだけではなく、日本特有の文化や価値観を踏まえつつ、企業の実態に即したモデルの構築が求められていると言えよう。

また、グローバル市場でのさらなる拡大を目指す日本企業は、日本式の経営体制を維持しつつグローバルビジネスを展開する組織とするのか、あるいは組織を完全にグローバル化するのか、それとも職務設計に日本とグローバル二重のガバナンスを設けるのかといった選択を迫られている。これらの選択は企業文化と事業戦略の方向性を決定するだけではなく、従業員やその家族のウェルビーイングに直接的な影響を与えるために、ステークホルダーとの関係性を再考することも求められる。例えば、従業員にとっては、ジョブ型雇用への移行により人材の流動化が進展する一方で、職務要件を満たさない人材が社内で行き場を失うほか、終身雇用の見直しと年功序列の崩壊によって、若手人材がキャリアパスを見失うといった懸念も想定される。こうした変化に直面する中で、企業に対してウェルビーイングの形をより明確にしてほしいとする従業員のニーズは高まっている。どの道を選ぶにせよ、経営者には自社のポジショニングを従業員とステークホルダー全員に明確に伝達し、自社のウェルビーイングのあり方を共有することが、ビジネスとウェルビーイングの統合において重要な行動となるだろう。

第8章

【対談】悲観的なナラティブを排し、「ポジ出し」で日本の勝ち筋を見出す

対談者

・三治 信一朗　上席執行役員、パートナー
・片岡 剛士　　執行役員、チーフエコノミスト

高度化するニーズにインテリジェンスで応える

三治　コンサルティングファームであるPwCコンサルティングがなぜシンクタンクとなるインテリジェンス組織を立ち上げたのか。まずはこの点についてお話ししましょう。

まず、普段接しているCEOをはじめとするC-Suitesと呼ばれる経営層の方々が抱える課題が近年、各段に難しいものになってきている状況があります。1つの領域の専門家がベストなソリューションやプラクティスを横展開していく形で行うコンサルティングサービスは、もはや成りたちづらくなっています。コンサルティングファームとしてサービスを高度化して経営層を支援するには、常に新しい何かを取り入れる、より具体的には総合的に知を集め経営を取り巻く環境を多角的に分析することが求められてきているという認識がありました。

また、コンサルティングファームがシンクタンク機能を持つとなると、旧来はコストセンターとして位置づけられ、分析対象も経済、金融、政策といった特定の領域に偏りがちなところがあるのですが、それを打破したいという気持ちもありました。

片岡　コンサルティングファームがシンクタンクを持つ意義は大きく2点あると思います。

第1に、主なクライアントである企業のニーズとして、従来のコンサルティングファームが提供するものとは異なる視点やサービスが求められてきているということです。例えば、企業にDXを進化させたいという具体的なニーズがあり、それがうまく進まないので相談役あるいは実行部隊としてコンサルティングファームに支援を求めるといったケースがありますよね。ただ、従来のコンサルティングサービスだけでは対応しきれない課題も企業側から出てきています。そこでインテリジェンス組織がコンサルタントと一緒になって企業ニーズに応えられるサービスをつくり出していくのです。

第2に、コンサルティングファームに内在するニーズです。コンサルタントは企業からのニーズを受けて動くのが基本ですが、それだけでは仕事の幅が限定されてしまいます。コンサルティングファーム自体の横並びにもつながります。

三治　確かにその通りですね。私のようにテクノロジーを専門とする人間がシンクタンクを設計する、つくるとなると、意外に思われるかもしれません。ただ、テクノロジーが未来に対するイネーブラーであり、ある種の前提条件になっている状況を踏まえると、インテリジェンス機能を具備する上でテクノロジーは極めて重要な要素だと言えます。ですので、テクノロジー専門の私が組織設計を担当し、そこにチーフエコノミストとして片岡さんに参画していただき、これでインテリジェンス組織の幹が整ったわけです。また、そこをバックアップしたいというパートナー陣がいます。

さらに、マクロ経済のみならず、企業の関心事であるサステナビリティ、地政学、サイバーセキュリティ、テクノロジーを重点領域と設定し、それらを個々別々ではなく統合して、世の中に対する見方を提示する組織としてPwC Intelligenceを設立するに至りました。

片岡　私は日系のシンクタンクに在籍していましたが、以前はコンサルティングファームに対する違和感のようなものがありました。コンサルティングファーム自体が自分たちのやることはこういうものだと自己規定しているのではないかというものです。

例えばクライアントが属するインダストリー（産業）と提供するサービスの2軸、ないしは斜めの軸で縦横無尽にサービスを展開するのがコンサルティングファームであるとか、ＰｗＣコンサルティングであれば、監査業務やいろいろなサービスを起点に連携しながら企業にサービスを提供していくのがコンサルティングファームであるなど、自らの役割に枠をはめるように定義づけしてしまっていることも少なくないように思います。企業や社会のニーズに応える組織であるという意味合いでコンサルティングファームをより広く捉えれば、もっと多様なサービスが展開できるのではないかと思います。

その意味では、コンサルティングファームができることの幅を広げていく役割がインテリジェンス組織に求められていると思いますし、両者の機能が一体化することが必要だと感じます。この時代においてコンサルティングファームがインテリジェンス組織をつくるのは必然であるかもしれません。

さまざまな領域の専門家の知見で先を見通す

三治　私も日系のシンクタンク出身ですが、米国のシンクタンクが広い意味での安全保障を軸に成立しており、国の存続のためにさまざまなデータを集めて提言をしている点に憧れのようなものがありました。ですので、日本においても、多角的かつ科学的にデータを整理し、迅速な判断を求められる際に政策提言を行う、あるいは、国や企業の羅針盤として機能するものがあればという思いで、インテリジェンス組織の設立に参画した面もあります。

片岡　日本のシンクタンクには多角的に分析することへの制約があるように思います。この背景には、日本人に特有なセクショナリズムというか、自分のシマを決めて他人には触らせないという変な縦割り主義があるのかもしれません。会社や組織の中でリサーチ機能をすべて完結させようという考え方もそうですし、リサーチは分野ごとで完結するものという考え方も同様です。そうではなく、「統合知」という概念を基にさまざまな領域の専門家が協力する、さらに内部だけでなく外部の専門家も含めてオンリーワンの組織をつ

図表8-1｜統合知の提供

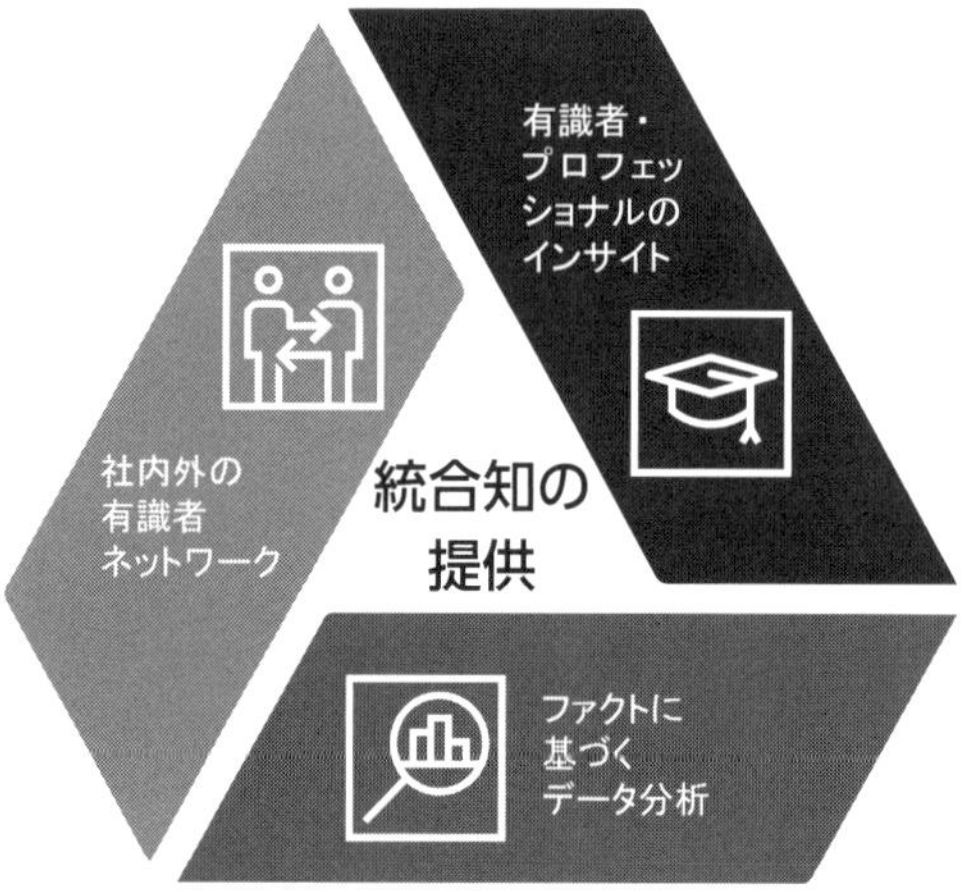

（出所）PwCコンサルティング合同会社作成

くっていく。そこにこそ、新たなシンクタンク、インテリジェンス組織を立ち上げる大きな意味があるといまさらながら考えています。

三治　外部の知を積極的に取り入れる動きは、実はコンサルティングの世界では珍しいものです。しかし、自分たちがどう見られているかを客観的に知る、自分たちにないものを取り入れる、新しいアイデアを見つける、そのためのアプローチとして極めて有効です。

そもそもクライアントが自身を客観視したい、本当にやるべきことを確認したいと考えて外部からの意見を求めているのですから、それに応えるコンサルタント自身も、さまざまな専門性を融合させつつ、多角的な知見を提供することにチャレンジしていく必要があります。

コンサルタントにも、変化に適応できず現状に満足しがちなコンサルタントと、新しいことにチャレンジし、他人のやっていることに関心を持って取り込んでいこうとするコンサルタントがいます。誰にもその両面があるのかもしれませんが、変化の兆しに気づいて動けるか動けないかで、次の時代において大きな成長の差が生まれると思います。

片岡　おっしゃる通りです。先ほどコストセンターという言葉が出てきました。企業においてプロフィットセンター、コストセンターという仕切りはテクニカルにはあるかもしれません。しかし、本来は両輪で動きながら価値を提供していくものです。コンサルティングとリサーチの融合という観点で言うと、単に1つの案件をコンサルティング部門とリサーチ部門が分担して対応するのではなく、産学官連携のように、クライアントの属性に応じてそれぞれの強みを活かして連携し、新たな提供価値を生み出すようなことが求められます。そういう意味でも、シンクタンクはコストセンター、という割り切り方は好ましくありません。

三治　変化を生み出すためにも、私たちのよ

図表8-2｜PwC Intelligenceの重点領域

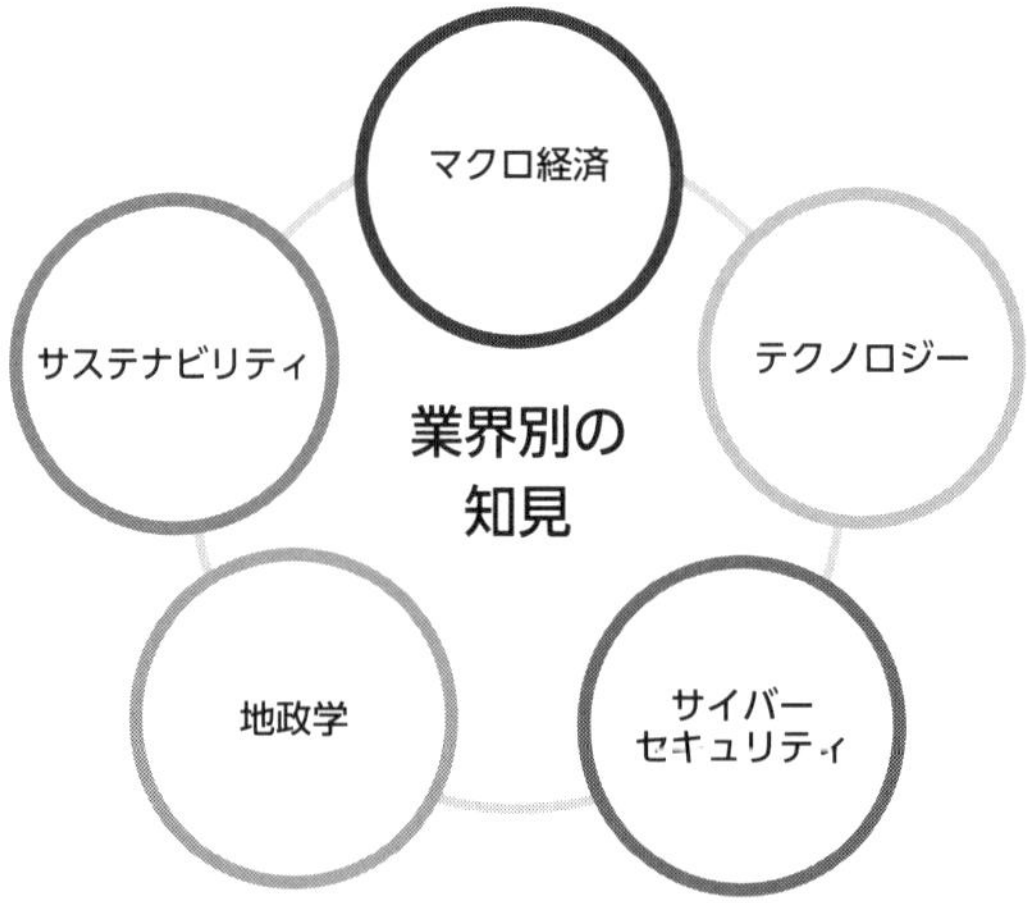

（出所）PwC Intelligence作成

うなインテリジェンス組織が必要なのではないでしょうか。時代にマッチしている感じがしていますが、いかがですか。

片岡　日本企業全体を見渡すと、大きく、新しい事象や変化に敏感な会社と現状維持で満足する会社の2つに分かれます。ただ、日本を取り巻く環境が素早く変化する中で、これまで変わらなくていいと思っていた企業までも、変わらなければという意識を持ち始めています。

より新しいものにしっかりキャッチアップしていく必要性が高まっているのは時代の要請であり、インテリジェンスがこれまで以上に求められている1つの背景と言えます。

三治さんはインテリジェンスの意味合いをどう考えますか。

三治　やや抽象的かもしれませんが、変化のスピードが速くなり、その変動幅も大きくなっていく中、単に「生き残る」というだけではなく、「よりよく生きる」というさらに高次の観点から物事を考えていくためには、先を見通すことが極めて重要になります。これは組織であれ個人であれ同じことで、インテリジェンスとはそのために不可欠なものだと思います。

知見を掛け合わせ、より望ましく、実行可能で持続可能な解を得る

三治　私たちは１カ月に１度、さまざまな知見を持つ専門家が集まり、特定のテーマについて数時間にわたり議論する場を持ってきました。こういうことを繰り返すうちに、知識としても議論のあり方としても、あるべきものの見方のようなものがわかってきました。本書の制作過程においてもチームで相当な議論を重ねてきたわけですが、取り上げた各領域（国際関係、少子高齢化、テクノロジー、サイバーセキュリティ、自然資本、ウェルビーイング）それぞれの切り口は違っていても、やはり共通する物の見方のようなものが浮かび上がります。

片岡　こうした議論をするにあたり、よくわかっていない者同士で話していても結局は何の結論も解決策も見出せません。議論を実のあるものとするには、それなりに軸がしっかり立った者同士が集まるというのが大前提です。互いの専門知識やデータといった、確固とした始点になるようなものに立脚しながら議論を進めるのが大事です。

三治　確かに私たちは科学的データに基づいて分析することをモットーとしています。人口動態や産業連関が端的な例ですが、そこから専門家同士が議論を始めることで物の見方が洗練されていきます。本書においてはそうした点も表現されているのではないかと思います。

また、私たちが重視する考え方として「統合知」がありますが、片岡さんが「統合知」の重要性を感じられるのはどのようなところでしょうか。

片岡　これまでのシンクタンクは、ともすれば経済なら経済の分野だけで仕事を回していけばいいという側面があったのだと思います。専門性を深めるためには特定の分野の中に留まる形で知見を深めていくのがよいとされていました。しかし、これから、ないし、いま求められているのは他分野との掛け合わせであり、これがキーワードではないでしょうか。

「多角的に分析しないと改善の糸口が見つからない問題が山積。1つの分野の知見だけで何かができる時代は終わった」（**片岡**）

三治　掛け合わせは、とても大切ですね。例えばどのようなものがありますか。

片岡　典型的なのは環境分野です。環境分野自体は自然科学的なアプローチで分析することが可能で、温室効果ガスの排出量削減や代替エネルギーの開発であれば、それを支える科学技術の問題として捉えることができます。しかし、実際に具体的な目標を掲げ、解決策や解決に至る過程について合意しようとすれば、国や企業、人に関わる話になります。経済や政治は人が絡む分野であり、いかにして話し合いで解決するか、経済合理性の下でどういう交渉の仕方がありえるかといったアプローチで分析できますし、環境問題の解決にはそれが不可欠です。

従来はともすれば一分野の視点で切り込んでいくアプローチが主流だったかもしれませんが、最近はさまざまな観点から多角的に分析しないと改善の糸口が見つからない問題が、環境問題に限らず山積しているように思われます。

三治　まさに掛け合わせこそが価値になる時代ですね。本書で取り上げているウェルビーイングにしても単に心身の健康の話で終わるものではなく、テクノロジーが重要な要素であり、そこにはサイバーセキュリティも影響を及ぼします。さらに経済的なインパクトの話でもある。自然資本も同様で、ビジネスの促進剤としてはバイオを含めたテクノロジーの力を把握しておくことが不可欠ですし、取り組みの結果が経済にどう作用してくるのかという視点では、経済学も不可欠です。

いま俎上に載せている課題に本当にフォーカスするのか、どこまでフォーカスするのかという議論もあります。知の掛け合わせはもちろん、ステークホルダーが個人や組織といった単位をしっかりと識別、認識しつつ議論し、目線合わせをしていく。そういった多角的な視点で考えれば、国、社会、企業、そして個人としてどこに注力していくべきかが自然と想起されるはずです。

片岡　本書で取り上げた国際関係、少子高齢化、テクノロジー、サイバーセキュリティ、自然資本、ウェルビーイングはまさにそうで、どのような話題であっても多角的視点が求められます。改めて1つの特定の分野で何かができるという時代はすでに終わったと感じますし、そのあたりを読者の方々とも共有できれば嬉しく思います。

「知の掛け合わせこそが価値を持つ時代。多角的な視点で考えると、国、社会、企業、個人としてどこに注力すべきかが浮かび上がる」（**三治**）

1つの課題や事象についてもさまざまな分野の視点から考えるというのは、端的に言えば中庸の追求であり、平たく言えばバランスを取る見方をしていくということだと思います。環境保護について言うと、経済や成長を犠牲にすればいい、もしかしたら人間そのものが存在しない方がいいといった極論もありえます。しかし、それは持続可能でもないし、実行可能性も全くありません。全く現実的な解ではないわけです。経済もそれなりに発展させ、私たちの暮らしの満足度も過度に下げることなく、地球環境を改善する道をどのように通っていくのか。さまざまな分野の視点で考えながら結論を導くのが重要なポイントです。

三治　結論を導くという点で言えば、議論の入り口はどこだとしても、常に見据えておくべきは私たち自身がよりよく生きるためにどうすればよいかということだと考えています。そして、私自身が日々感じているのですが、根源にあるのは日本のことを諦めていないというか、大仰に言えば日本への愛かもしれません。本書には日本をどうしていきたいかという思いが結集されている感覚がありますし、これも読者の方々と共有したい点です。

片岡　本書を貫く考え方は3つあると思います。1点目はビジネスを使いながら解決する方法の模索です。先ほど指摘したように、環境問題の解決にしても、経済や人々の暮らしを必要以上に傷めつける方法は短期的には実行可能であったとしても持続可能性がありません。やはり企業のインセンティブをうまく活用することで社会を望ましい方向に導いていくという観点が欠かせません。

2つ目はデフレ脱却の重要性です。私の専門領域である日本経済について見ると、この30年間ほどはデフレに起因する経済停滞を続けています。最近はやや改善傾向にありますが、これまでは賃金が安定的に伸びていませんでした。そして20〜30年前と比べて平均所得がほとんど変わらないどころか、逆に可処分所得が減っているという現状があります。こうした中では当然、日々の暮らし、ウェルビーイング、医療、社会保障など多くの面で物事がうまくいかなくなるリスクが大きくなるわけですから、デフレから完全に脱却して、賃金と物価の好循環を取り戻すことはさまざまな問題を解決する上での必要条件と言えます。

3点目は対立・分断の時代における行動のあり方です。対立・分断の時代が続く可能性が高い中で、日本という国として、また企業や個人としてどういう道をどう選ぶかは重要な問いです。本書であまり触れなかった個人レベルで言えば、私は閉鎖的ではなく開放的になるべきと考えます。価値観の違う人たちとうまく付き合い、新しい何かを自覚的に取り入れていくことが必要で、これは単に語学の問題だけではないでしょう。特に重要度を増すアジアの国々の人たちとどう付き合うかは大事な観点です。企業の抱える問題も一企業では解決できないものがますます増えていきます。日本国内の企業同士、また海外企業とも連携していく必要があります。サプライチェーンの問題は典型的で、これだけ国家間、産業間の関係の変化が大きくなると、自社だけで安定的に部材調達を進めようとしても限界があります。いろいろな国や企業を巻き込んで自社が生き残る方策を考えていく必要があると思います。

悲観的なナラティブを排し、「ポジ出し」で物事を動かす

三治　執筆者全員の共通項として、より望ましく、そして、より持続可能であるという方向性が挙げられます。個々の執筆者の考え方は完全に整合はしないし、その必要もないので、かなりばらつきはあります。ただ、結果的に私たちの中でのコンセンサスとしては、より望ましい方向を見据えていきたいという思いがあり、それこそが片岡さんのおっしゃるところの開放的ということなのだと思います。個々の議論の前提として否定はしない。さまざまな意見や視点を否定せず

に取り込みつつ、全体として一定の前向きな方向性を自然体で見出していく感覚です。

片岡　それこそが本書の1つのメッセージだと感じる点です。これまでは停滞していたものの、そこからうまく脱却する方法があり、そこを抜ければさらなる問題解決の可能性が広がるという話です。

この20～30年、私がずっと気になってきたのは、日本企業が日本に対して過度に悲観的になっている点です。注意深く、慎重であることは必要ですが、海外進出も含めた事業拡大を検討する日本企業が、慣れ親しんだ日本国内に対して十分な検討もせずに早々と見切りをつけるのは、もったいない選択をしてい

図表8-3｜これからの世界とこれからの企業

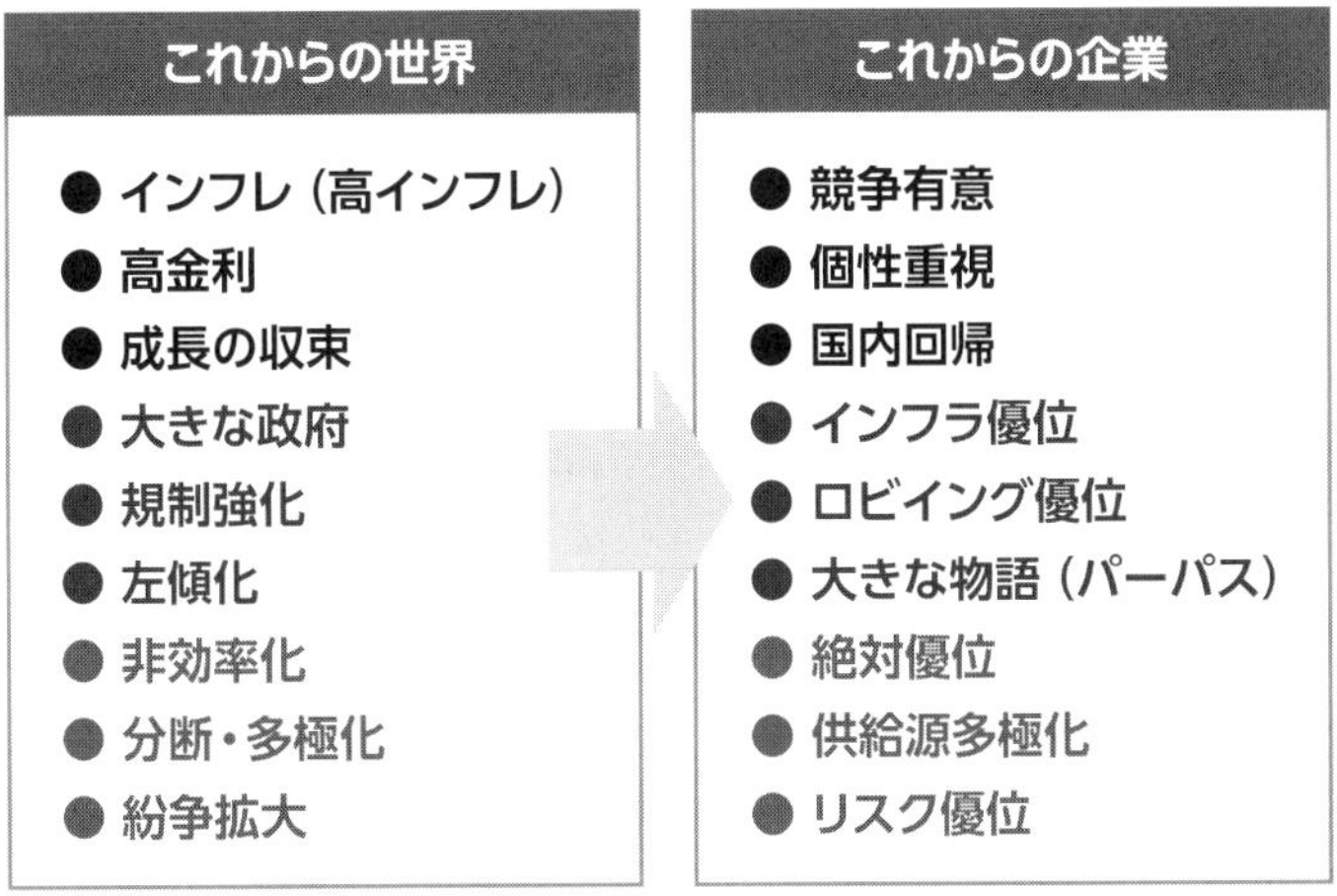

これからの世界	これからの企業
● インフレ（高インフレ）	● 競争有意
● 高金利	● 個性重視
● 成長の収束	● 国内回帰
● 大きな政府	● インフラ優位
● 規制強化	● ロビイング優位
● 左傾化	● 大きな物語（パーパス）
● 非効率化	● 絶対優位
● 分断・多極化	● 供給源多極化
● 紛争拡大	● リスク優位

（出所）図表1-6 再掲

るのではないでしょうか。経済環境が変わる中、この点については日本企業全体でしっかり考える必要があるでしょうし、本書はそのための素材としても読めるものだと思います。

三治　確かに、経営層や中堅・若手のビジネスパーソンの方々、有識者の方々と幅広く議論させていただく素材が集まったと思います。ここからは皆さんとの議論を通じて、さらにいろいろなものを結びつけ、取り入れ、よりよい示唆を出せるようにしていきたいところです。その意味では本書はまだバージョン0・2ぐらいかもしれません。読者の皆さんと一緒にブラッシュアップしていくことで、本書が体現しようとしたものがバージョン1・0という、ひとまずの完成形に至るのだと考えています。

片岡　この過程で常に意識したいのはポジティブなことを考え出す「ポジ出し」で、日本にはこれが必要です。専門家にとっては、ネガティブなことを指摘して終わるのではなく、現実的なデータやさまざまな目線をベースに考えて、ポジティブな切り口や改善策を示していくことが重要です。そうしてこそ、ポジティブな側面を具現化するためにはどういう仕組み、法律や政策、マインドが必要かといった議論につながります。

人口と経済を例に取ると、日本は少子高齢化で人口が減少するので経済は停滞せざるをえないというナラティブが出てきます。しかし、3章で具体的に述べているように、人口が減ると経済が停滞するというのは必然でも何でもありません。悲観的なナラティブをデータの力で変えていきながら、前向きかつ具体的な方策として何が必要かということを考える。これが「ポジ出し」です。

三治　確かに「ポジ出し」はキーワードですね。同じデータでも解釈の仕方によってはポジティブになります。私はロボット関連の案件をよく手掛けていますが、ロボット導入について検討すると、論点は費用対効果で人間をどのくらい置き換えられるかに収斂しがちです。

しかし、これまで2人の人間のチームにロボットがメンバーとして加わると考えればどうでしょうか。2人の人間でできる仕事量が2だとすると、ロボットやAIがチームに入ることでそれが20や200になるといった生産性を目指すこともできるはずです。ロボットを1回限りで導

> 「現実的なデータをもとにした分析で悲観的なナラティブを排しながら、さまざまな目線で考えてポジティブなものを生み出すことが大事」（**片岡**）

入するということであれば、そこまでの費用対効果は見込めないかもしれません。ですが、全工程を視野に全体最適解を見据えながらロボットの導入を検討するのであれば、人間自身がロボットやＡＩとともに成長して生産性を上げていく絵姿が見えてきます。ロボットへの投資を人的投資と捉えて考えるかどうか、これもポジ出しの発想が重要になる局面です。

片岡　ポジティブな目線で、どういうよいことをやっていくのか、そもそもよいこととは何か。いわゆる「日本はすごい論」を超えて、しっかりと打ち出すことがインテリジェンスの役割です。そうした議論を通じて浮かび上がってくるものをしっかりとすくい上げていくと、日本の勝ち筋が見えてくると思います。

そのためにも私たちが次の段階としてやりたいのは、本書を入り口に多くの企業、経営者、ビジネスパーソンの方々と議論しながら、日本の勝ち筋を一緒に考えることです。そうしたことが「バージョン０・２」を０・３、０・４、さらに１・０以上にしていくために必要だと認識しています。

三治　そうですね。先ほどのＡＩやロボットの導入の話で言えば、人間を代替する、置き換えるというゼロサムゲームの発想でやっていると、賃金が上がらなかった過去30年の労働者にとっての暗黒歴史のような話になります。そうではなくて、人間は価値ある財や資本としてさらに高度化していくと考えると、それに伴って賃金は上昇するだろうという雰囲気が出てくるはずです。こうした雰囲気をつくれれば、実際にそういう方向に物事は動いていくものだと思いますし、本書がそのきっかけづくりになればと思います。

具体的な仕組み化や行動に向けた議論をいますぐ

片岡　望ましい方向性に物事を動かしていこうとすることこそ、まさに勝ち筋を考えるということではないでしょうか。本書では「ポジ出し」を意識しながら、各分野でどのような側面が重要かという指摘はある程度しています。しかし、あえて触れていない重要な論点、つまり企業、経営者、ビジネスパーソンに考えていただきたい重要な論点を挙げるとすれば、「ポジ出し」で出てきた要素を実現させるための仕組みをどうつくるかという点です。

三治　その際には物の見方、価値観も大事だと思います。少子高齢化の話で言えば、１人の労働者が高齢者1人を支えてきたものが、これからは高齢者3人を支えないといけないと言われると汲々とします。しかし、構造を逆に捉え、さらにエイジテックの実装も考慮に入れて1人が3人の高齢者と一緒に何かをやれるようになったと考えれば、ポジティブな発想で仕組みを考えられると思っています。この例は極端かもしれませんが、本書ではかなりポジティブな視点を持って勝ち筋を多面的に浮かび上がらせているので、私たちとしてはこのプロセスを愚直に繰り返していきたいと思います。

片岡　ぜひ一企業という単位を越えて、日本経済全体、日本全体、世界全体というように、より多くの人が裨益《ひえき》するための仕組み、方策をより具体的に考えていきたいですね。

例えば、最近のテクノロジーの進化は米国においても世界においても、一部の企業が独占しているではないかとよく言われます。この独占の恩恵に浴することができた人にとっては、利益や所得という点で技術の果実がプラスに働いたと言えるわけですが、それ以外の人は全く恩恵を受

「ポジティブな視点で勝ち筋を多面的に見出す。そのプロセスを愚直かつ迅速に繰り返す」（**三治**）

けていないではないかという話につながります。これは、どうすれば最大多数の人がテクノロジーの進化の恩恵を受けられるのかという問いの重要性を示してもいます。こうした問いが、いま私たちが解いていかなければいけない問題だと感じます。

三治　その点をテクノロジー観点で見ると、Ｗｅｂ2・0の時代にテックジャイアントがプラットフォーム化して富の集中を促してしまったところ、Ｗｅｂ3・0では民主化が始まり、プラットフォームから富を分散させようとするなど、振り子のような動きがあります。組織や個人のいずれかに過度に寄りすぎるのは決してよいことではないので、反動はいつでも一定程度は起こるはずです。しかも、その変化のスピードは速いです。最新の動きをしっかりキャッチアップしながら、統合知を駆使して「いい塩梅」はどの辺りなのかということを時間軸も含めて考え、行動に移していく必要があります。

片岡　トレードオフに見えるものをいかに両立させるかですね。テクノロジーで豊かになるのは重要であり、やるべきことでもありますが、それを前提にした上で、人間の労働が失われることがない仕事をどうやってつくり出すか、それをビジネスとして持続可能なものたらしめる仕組みは何か。どうすれば技術代替ではなく技術補完の発想で新たなものが生み出せるのか。私たちはコンサルティングファームとして考える必要があります。

同じようなことが国際関係にも求められています。先ほど、国際関係では対立・分断の時代と言いましたが、それを前提にブロック化を進めると結果的に個々人は豊かになれません。では企業としてこの難局においてどう立ち回っていくのか。したたかさ、柔軟性がいま問われています。この辺りをどのように捉え、企業の皆さんに対して何を提案していくのかがいま、コンサルティングファームに問われていることではないでしょうか。

三治　本書では必ずしも明確な答えを提示しているわけではありません。ただ、議論のための幅広い土壌は提供できたと思っています。私たちは、この土壌は常にアップデートしていきますが、読者の方々とは具体的な行動に向けた議論をいますぐにでも始めていきたいと思っています。

片岡　冒頭の問いにも関連しますが、まだ鮮明には見えていない、しかし確実に大きくなっていく新たな領域をなんとかして解像度を高めて見つけ出していく必要性があります。そのためのヒントとしても本書は読んでいただけるだろうと思います。そのヒントを軸にしながら、企業、官公庁、自治体、政治家、一般の方々を含め、多種多様な関係者を巻き込んで一緒に考えていくことを大事にしたいと思います。

【執筆者・編集者】

（すべて所属はＰｗＣコンサルティング合同会社）

・**桂 憲司**（かつら・けんじ）
専務執行役、パートナー（はじめに）

・**片岡 剛士**（かたおか・ごうし）
執行役員、チーフエコノミスト（第1、8章、全体統括）

・**三治 信一朗**（さんじ・しんいちろう）
上席執行役員、パートナー（第4、8章）

・**丸山 満彦**（まるやま・みつひこ）
執行役員、パートナー（第5章）

・**佐久間 仁朗**（さくま・よしあき）
ディレクター（第7章）

・**下斗米 一明**（しもとまい・かずあき）
ディレクター（第2章）

・**伊藤 篤**（いとう・あつし）
シニアエコノミスト（第3章）

・**岡野 陽二**（おかの・ようじ）
シニアマネージャー（第2章、全体編集）

・**薗田 直孝**（そのだ・なおたか）
シニアエコノミスト（全体編集）

・**服部 徹**（はっとり・てつ）
シニアマネージャー（第6章）

PwCコンサルティング合同会社
PwC Intelligence

ビジネスを取り巻く環境が急激に変化し不確実性が高まる中、複雑化、高度化する経営課題に対応するための羅針盤となるべく、2022年10月に設立されたシンクタンク。マクロ経済、サステナビリティ、地政学、サイバーセキュリティ、テクノロジーなどの領域を柱に据えつつ、専門性の枠を超えて各領域の専門家の知見を有機的に融合させる「統合知」を提供する。クライアント企業が未来を見通すためのパートナーを目指して活動している。

PwC Japanグループ

PwC Japanグループは、日本におけるPwCグローバルネットワークのメンバーファームおよびそれらの関連会社の総称です。各法人は独立した別法人として事業を行っています。
複雑化・多様化する企業の経営課題に対し、PwC Japanグループでは、監査およびアシュアランス、コンサルティング、ディールアドバイザリー、税務、そして法務における卓越した専門性を結集し、それらを有機的に協働させる体制を整えています。また、公認会計士、税理士、弁護士、その他専門スタッフ約11,500人を擁するプロフェッショナル・サービス・ネットワークとして、クライアントニーズにより的確に対応したサービスの提供に努めています。

PwCコンサルティング合同会社

PwCコンサルティング合同会社は、経営戦略の策定から実行まで総合的なコンサルティングサービスを提供しています。PwCグローバルネットワークと連携しながら、クライアントが直面する複雑で困難な経営課題の解決に取り組み、グローバル市場で競争力を高めることを支援します。

経営に新たな視点をもたらす「統合知」の時代

2024年4月23日 第1刷発行

著　者｜PwCコンサルティング合同会社　PwC Intelligence
発行所｜ダイヤモンド社
〒150-8409 東京都渋谷区神宮前6-12-17
https://www.diamond.co.jp/
電話：03-5778-7235（編集）03-5778-7240（販売）
企画・編集協力｜上坂伸一
装丁・DTP｜能勢剛秀
製作進行｜ダイヤモンド・グラフィック社
印刷｜堀内印刷所（本文）・加藤文明社（カバー）
製本｜ブックアート
編集担当｜松井道直

ISBN 978-4-478-11961-7